映像紀實系列・4

馬可波羅遊記

馬可波羅◎著

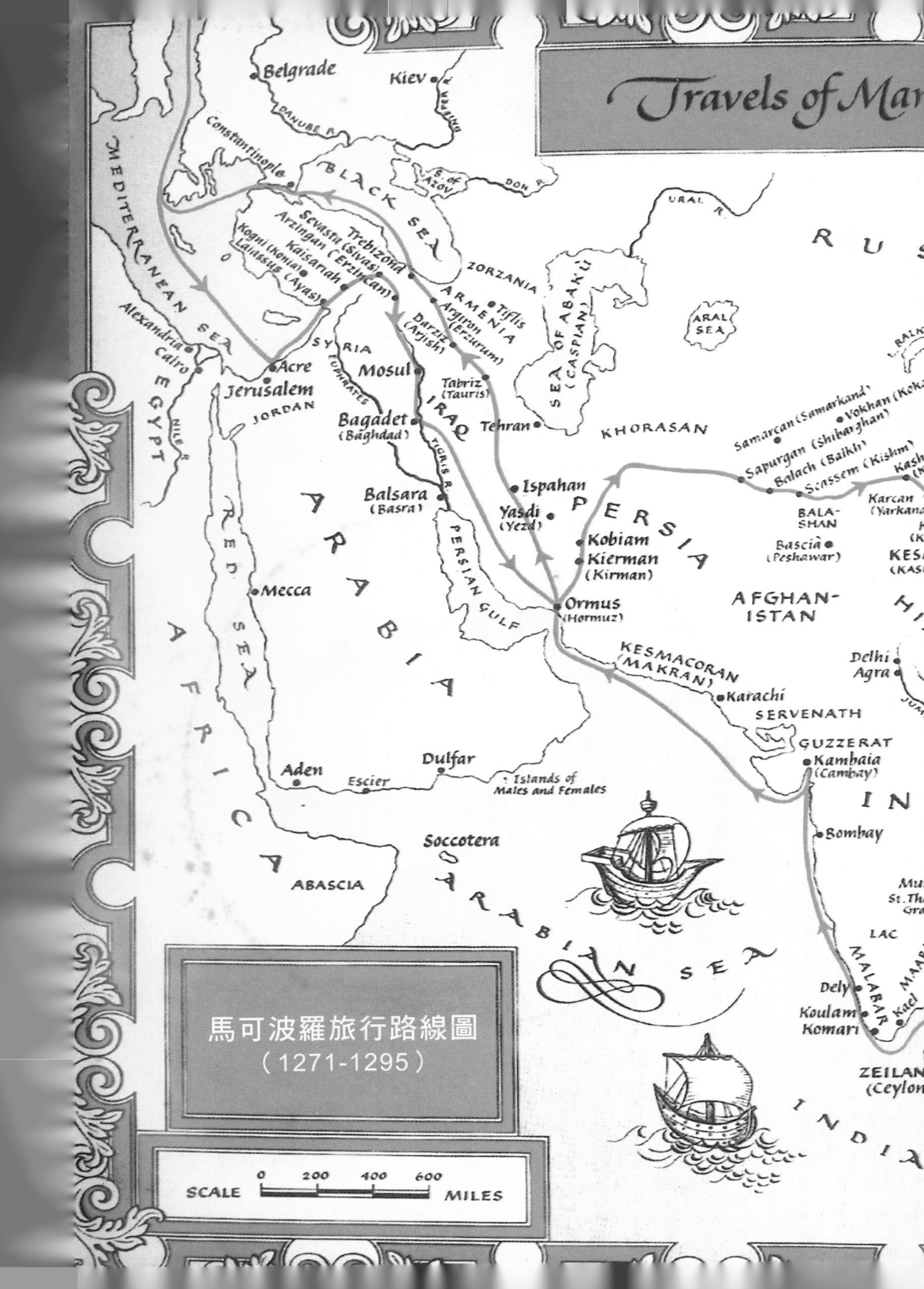
Travels of Mar
Belgrade
Kiev
DANUBE R.
Constantinople
BLACK SEA
MEDITERRANEAN SEA
Trebizond
Sevasta (Sivas)
Arzingan (Erzincan)
Kaisariah
Kogni (Koniat)
Laiassus (Ayas)
ZORZANIA
ARMENIA
Tiflis
Arguron (Erzurum)
Darziz (Arjish)
SEA OF ABAKU (CASPIAN)
ARAL SEA
URAL R.
DON R.
S. of AZOV
RUS
Alexandria
Cairo
EGYPT
SYRIA
Acre
Jerusalem
JORDAN
Mosul
Tabriz (Tauris)
Tehran
IRAQ
Bagadet (Baghdad)
KHORASAN
Samarcan (Samarkand)
Vokhan (Koka
Sapurgan (Shibarghan)
Balach (Balkh)
Scassem (Kishm)
Ispahan
Yasdi (Yezd)
PERSIA
Kobiam
Kierman (Kirman)
Balsara (Basra)
ARABIA
PERSIAN GULF
Ormus (Hormuz)
AFGHAN-ISTAN
BALA-SHAN
Bascià (Peshawar)
Karcan (Yarkand
Mecca
RED SEA
AFRICA
KESMACORAN (MAKRAN)
Karachi
SERVENATH
GUZZERAT
Kambaia (Cambay)
Delhi
Agra
Aden
Escier
Dulfar
Islands of Males and Females
Soccotera
ABASCIA
ARABIAN SEA
Bombay
IN
LAC
MALABAR
Dely
Koulam
Komari
ZEILAN (Ceylon
INDIA
SCALE 0 200 400 600 MILES
馬可波羅旅行路線圖
（1271-1295）

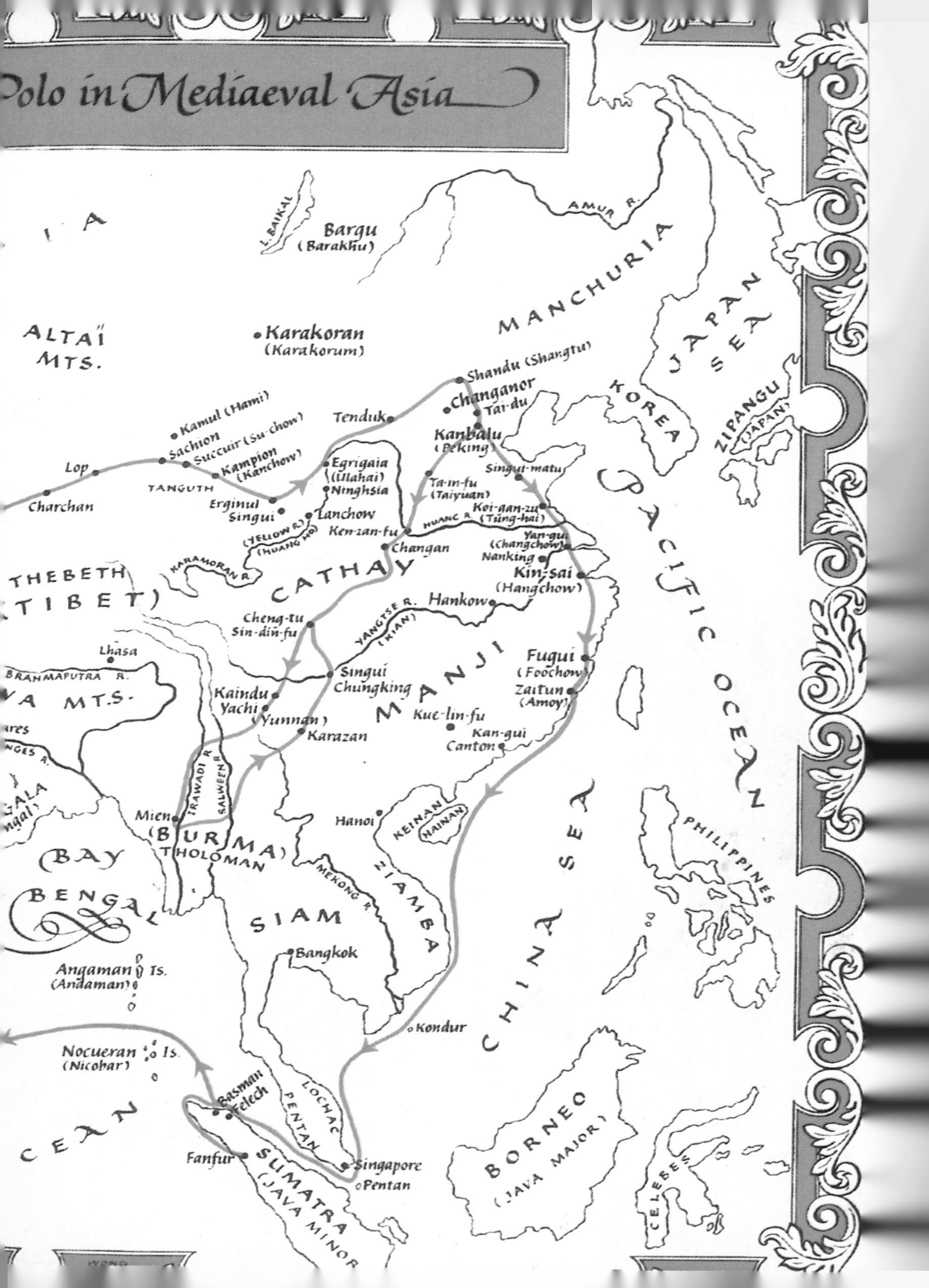
Polo in Mediaeval Asia
MANCHURIA
AMUR R.
L. BAIKAL
Bargu
(Barakhu)
ALTAÏ MTS.
Karakoran
(Karakorum)
JAPAN SEA
KOREA
ZIPANGU
(JAPAN)
Shandu (Shangtu)
Changanor
Tai-du
Kanbalu
(Peking)
Tenduk
Kamul (Hami)
Sachion
Succuir (Su-chow)
Kampion
(Kanchow)
Lop
Charchan
TANGUTH
Egrigaia
(Ulahai)
Ninghsia
Erginul
Singui
Lanchow
Singui-matu
Ta-in-fu
(Taiyuan)
Koi-gan-zu
(Tung-hai)
HUANG R.
(YELLOW R.)
(HUANG HO)
Ken-zan-fu
Changan
Yan-gui
(Changchow)
Nanking
Kin-sai
(Hangchow)
PACIFIC OCEAN
KARAMORAN R.
THEBETH
(TIBET)
CATHAY
Hankow
Cheng-tu
Sin-din-fu
YANGTSE R.
(KIAN)
Lhasa
BRAHMAPUTRA R.
Fugui
(Foochow)
Zaitun
(Amoy)
Singui
Chungking
MANJI
Kaindu
Yachi
(Yunnan)
Karazan
Kue-lin-fu
Kan-gui
Canton
IRAWADI R.
SALWEEN R.
Mien
(BURMA)
THOLOMAN
Hanoi
KEINAN
(HAINAN)
CHINA SEA
PHILIPPINES
(BAY
BENGAL
MEKONG R.
ZIAMBA
SIAM
Bangkok
Angaman Is.
(Andaman)
Kondur
Nocueran Is.
(Nicobar)
Basman
Felech
LOCHAC
PENTAN
Fanfur
SUMATRA
(JAVA MINOR)
Singapore
Pentan
BORNEO
(JAVA MAJOR)
CELEBES
CEAN

目錄

上卷

下卷

馬可波羅的歸鄉之旅

上卷

馬可波羅從威尼斯經亞美尼亞、波斯、帕米爾高原、新疆、甘肅到上都的沿途見聞。

各位皇帝、國王、公爵、侯爵、騎士和議員們：
不論你們是何人，
想知道世上各類人種、各地不同風土的人，
可取此書來讀一讀。
你們從中可以找到東方各地，
如大亞美尼亞、波斯、韃靼、印度
和其他許多國家的壯觀奇事，
皆聽由我一一道來。

● **早期遊記中被丑化的馬可波羅**

馬可波羅死後，被當時的威尼斯人判為吹牛者，甚至有人以扮演丑角的馬可波羅而走紅。
馬可波羅的遊記大約成於1298年，最初名叫《對世界的描繪》。它用一個短序開篇，交代波羅一行人的旅行背景，並說明書本的寫成過程。其中幾句自我標榜的話，成為後人瞭解馬可波羅身份的資料來源。

引言

馬可波羅（Marco Polo）——威尼斯市一位聰明高貴的人，綽號百萬先生，本書是他的親眼見聞。有些事情他雖然沒親眼看見，亦是從可靠的人那邊聽聞而來。

讀過本書的人，或聽過他人談過本書，必定相信本書內容完全屬實。我告訴你們吧，自從上帝創造亞當以來，無論基督教徒、異教的韃靼人或印度人，若論探查世界各地怪異，無人可與馬可先生相比。馬可先生若不將自己的見聞著述成書，將異聞奇事告訴那些沒經歷過的人，將會非常可惜。

你們必須曉得，他在世界各地遊歷二十四年，後來被俘虜在熱那亞監獄中時，也就是耶穌降生後1298年，他請同獄的比薩市人魯斯梯謙先生（Rusticiano）把這一切記錄下來。但所記的僅是他所能記憶的，這在他所有經歷中，不過佔了一小部分。

馬可波羅，一位睿智而高貴的商人，從威尼斯出發，去探索未知的世界。

離開君士坦丁堡

● **波羅兄弟從威尼斯啟程前往東方**

蒙古勢力向西擴張，引起西歐基督教世界的好奇，他們既擔心蒙古鐵騎深入逼近，又為蒙古人消滅了他們的死敵穆斯林諸王朝而高興。於是他們不斷派遣傳教士去東方，並勸蒙古人皈依基督教。但他們只到過蒙古地區，唯獨馬可波羅前往東方後深入中原，見識中國富庶繁華的景象。

西元1260年，包爾溫二世（Baldwin II）仍是君士坦丁堡皇帝的時候（1261年，希臘皇帝攻入君士坦丁堡，奪下拜占庭帝國皇位，是為Michael VIII Palaeologus），有名叫尼可羅波羅（Niccolò Polo）和弟弟馬飛阿（Maffeo Polo）兩人，從威尼斯市攜帶貨物到君士坦丁堡從事貿易。尼可羅即馬可先生的父親。波羅兄弟都是高貴、聰明、謹慎之人。他倆決意渡海經商賺錢，於是買了許多珍寶，從君士坦丁堡搭船至蘇達亞（Soldaia，

今克里米亞半島南端），居留一段時間後再向東前進。他們棄舟騎馬，旅途一路平安順暢，直到別兒哥汗的都城。別兒哥汗是韃靼人的部落君主，住在博喀拉（Bolgara）和阿薩拉（Assara）兩地。別兒哥汗隆重優渥地接待兩人，為他們來到而歡喜。兄弟將攜來的珍寶悉數獻給別兒哥汗，別兒哥汗欣悅地收下，並回賞以兩倍於珍寶的貴重物品。

●波羅兄弟

馬可波羅的祖父生有三子，均以經商為業。老馬可先在君士坦丁堡開業，後來到黑海北岸的克里米亞，開拓向東方的貿易。

他們在別兒哥汗國居住一陣，遇上別兒哥汗和東韃靼的君主旭烈兀開戰。雙方激戰廝殺，死傷慘重，最後旭烈兀勝利。因受戰事影響，各地皆不安寧。波羅兄弟的來路斷絕，而往東之路可行，因此兩人商量：「既然不能回君士坦丁堡，不如取道東方前進，也許可以經由間接道路回返。」兩人預

●離開君士坦丁堡

波羅兄弟離開君士坦丁堡的第一站是蘇達亞。蘇達亞位於克里米亞半島，是當時黑海上的大型貨物集散地之一，世界各地的商客雲集于此。在這裏可以買到來自俄羅斯、土耳其和波斯等地的物產。

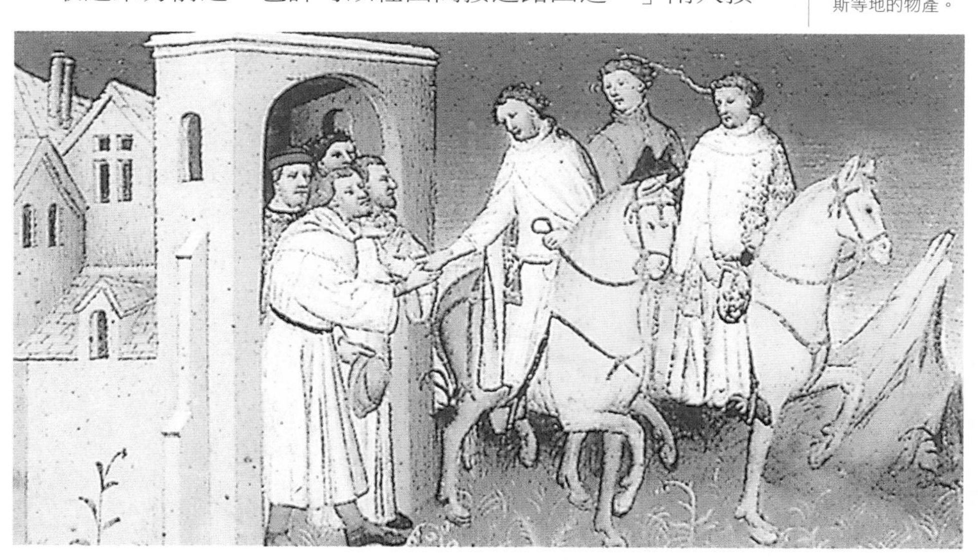

備行裝離開博喀拉到奧卡卡城（Oukaka），此處是韃靼別兒哥汗國的邊境，然後渡過底格里斯河。他們花十七天的時間渡過一個大沙漠，沿途見不到任何城市，只見到韃靼人住的帳篷，帳篷外畜養著牛羊。

越過沙漠，他們抵達布哈拉省的布哈拉城（Bukhara），該城雄偉壯觀，歸八剌克（Barak）管轄，是波斯境內最重要的郡市。兄弟兩人到布哈拉後，既不能前進又不能後退，一停留便待了三年。

當時東韃靼（伊兒汗國）的君主旭烈兀派遣使者朝見全韃靼的共主——忽必烈大汗，忽必烈住在亞洲東方和東北方之間。使者經過布哈拉，見到尼可羅和馬飛阿兩位頗以為異，因為他來自的地方，從來沒人見過義大利人。使者對他們說：「全韃靼的大汗從來沒看過拉丁人，他一定很願意見到幾位，倘若你們隨我同去，我保證他見到你們一定十分歡欣，將會極隆重優厚地接待你們。隨我旅行，保證沿途安全無慮。」

兄弟兩人聽了使者的話，心中大喜，便表示願意同行。於是他們同大使向北行，然後轉向東北方走了一年，才抵達大可汗住的地方。他們遇見許多奇怪的事，現在不必細說，因為尼可羅的兒子馬可先生也經歷這些事，他將在後面細說給你們聽。

●波羅兄弟長途旅行

1261-1262年，伏爾加河到裏海一帶的蒙古君主別兒哥和統治波斯的蒙古君主旭烈兀爆發戰爭，堂兄弟（祖父是成吉思汗）為了高加索一帶的土地大動干戈。這場戰火迫使波羅兄弟往東旅行，一直到達中國。

抵達大可汗的朝廷

尼可羅和馬飛阿兩人抵達大可汗的朝廷（上都，亦即開平，今內蒙古多倫西北），受到大可汗隆重接待，並為他們舉辦了一場熱鬧的歡迎會。大可汗問他們許多事，先問他們皇帝的情形，如何治國立法、用兵打仗等，之後又詢問他們的國王君主情況。

隨後大可汗詢問他們關於教皇、羅馬教會以及義大利的情況。尼可羅和馬飛阿都是聰明人，精通韃靼和突厥兩種語言，所以都能依次對答，有節有禮。

忽必烈大可汗是世上全韃靼人的君主，也是廣漠疆土中各省各國各區的主人。忽必烈聽波羅兄弟解說義大利各事後大為歡喜，決定派遣大使去見教皇，延請波羅兄弟與他的臣下男爵一人擔任使臣。兄弟兩人極願意代大可汗行事，正如奉行本國君主之命。大可汗召來一位名叫科加達爾的男爵，他對大可汗表示願意與波羅兄弟同行。大可汗命人用突厥文寫國書給教皇，將謁見教皇的任務全權交付臣下。派使臣致國書的用意如下：大可汗請教皇派遣一百位熟知基督教規、諳七藝、有辯才之人，以公正合理的論點對大汗的百姓證明，基督教的教規與真理凌駕所有宗教，偶像崇拜是膜拜惡魔的偽教。大可汗又吩咐波羅兄弟從耶路撒冷耶穌聖陵上的長明燈裏，取少許聖油回來給他。

法王查理五世的《卡塔盧尼亞圖冊》中描繪波羅兄弟旅行景象的圖畫。

大可汗將任務交予波羅兩兄弟後，發給他們一面金牌。只要持這金牌，他們不論到何地，地方官一見金牌，皆須供給一切用品，並負責護衛他們抵達下一站。尼可羅和馬飛阿將行裝備齊，告辭大可汗後開始騎馬遠

行。出發後不久，同行的韃靼男爵竟然生病，滯留中途不能繼續旅行。尼可羅和馬飛阿只得與他辭別，繼續他們的旅程。兄弟兩人因握有金牌，所經之地皆受人尊敬，供給物一應俱全。

路途中天候難料，偶爾會遇上風雪，或因大水難以渡河，行程受耽擱。他們結伴騎行，最後終於到了位於小亞美尼亞的拉耶斯（Laiassus），此時距離出發時間已過了三年。

他們離開拉耶斯，於1269年4月抵達阿克城（Acre，今以色列的Akko），這時他們聽說教皇已死，於是去拜訪一位賢明的傳教士。他是羅馬教廷派駐埃及的

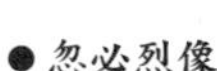

● 忽必烈像

馬可波羅口中令全世界震驚的「眾王之王」──大汗忽必烈，出生於1215年，當少年馬可波羅來到他的朝廷時，他已五十九歲。在戎馬鐵戈中成長的大汗，中年時代則潛心於征戰計劃。在馬可波羅到達中國之前十年，忽必烈的威權顯赫已臻極頂。

專使，名叫泰巴爾多維斯康提（Tebaldo Visconti）。他們告訴專使，韃靼大可汗派他們來覲見教皇。專使聽到兩人所言非常驚訝，便對他們說：「你們知道教皇已死，所以必須等新教皇即位，才可以達成你們的使命。」兄弟兩人聽從專使所言，在等待新教皇即位的空檔，先回威尼斯老家探親。於是他們離開阿克城，前往尼格羅蓬特（Negropont，位於希臘），從那裡搭船歸航。抵達家門後，尼可羅才知道妻子已經去世，留下一個十五歲的兒子，名叫馬可，也就是本書的講述者。

●真正的東方與馬可波羅的想像相差多少？

《馬可波羅遊記》最早的書名叫做《寰宇記》，寫於1298年，用中古時代的法語—義大利方言寫成，原本已失傳，現今流傳的抄本與傳譯抄本約有一百五十種，在這些版本中，沒有兩本的內容完全一致。馬可波羅遊記在歐洲出版後，引起歐洲的東方熱，也引發歐洲進入海洋探險的世紀。

兄弟等待兩年，新教皇仍未選出。他們想儘快向大可汗覆命，於是再度離開威尼斯，帶著馬可波羅前往阿克拜訪教廷專使，請專使准許他們到耶路撒冷的耶穌聖陵取長明燈的聖油，才能對大可汗覆命。專使同意後，波羅兄弟去耶路撒冷取得少許聖油後，又回到阿克城拜

●覲見大汗

兩個威尼斯人覲見了偉大的君主，他們沒有和忽必烈談貿易，而是談論基督教教義。離開哈喇和林（蒙古帝國的第一個首都所在，位於今日蒙古首都烏蘭巴托西南）前，除了正式任務外，大汗還委託波羅兄弟為他帶一些耶路撒冷聖墓前燃燒的燈油。

見專使說：「新教皇人選未定，我們已經逗留太久，想及早回覆大可汗。」專使在羅馬教廷內極有權威，於是他寫了介紹信及公文給大可汗，證明尼可羅和馬飛阿已完成使命。

兄弟兩人得到專使信後離開阿克。到達拉耶斯後不久，便聽說專使已被選為新教皇，為格列高利十世（Gregory X）。兄弟兩人得知消息後非常高興。新選任的教皇派人到拉耶斯告訴尼可羅和馬飛阿，假如他們尚未離開，可以立即返回教廷。大可汗有位信奉基督教的侄子，反叛大可汗後失敗逃走，正沿途搶劫掠奪，阻斷東行的道路。兄弟兩人當時仍留在拉耶斯，所以當他們收到專使的信時，很樂意回去。

●教皇格列高利十世

1271年，波羅兄弟兩人再次出發，這次帶上尼可羅的兒子馬可（當時大約十七歲）。雖然取得聖油，卻沒有任何傳教士同往，也未能獲得教皇回函，不過他們拿到了教皇特使致大汗的書函。當他們到達拉耶斯不久，特使被選為新教皇。

他們回到阿克晉謁新教皇，新教皇也用尊貴的禮儀接待，代他們祈求上帝保佑。教皇更換了新國書，將許多華美水晶和禮物交託波羅兄弟贈送大可汗，並且在當地挑選出兩名賢能的傳教士，其中一位是維琴察人尼克拉，另一位是黎波里人威廉。教皇賜予兩位傳教士權力狀，讓他們有權力可以任命主教、懲善罰惡，並且委託遞交大可汗的國書。尼可羅、馬飛阿和兩位神父收到任命狀、介紹書及教皇致大可汗的國書後，請教皇為他們祝福。隨後四人啟程，帶著尼可羅的兒子馬可上路。

當時巴比倫國蘇丹邦多克達（Bundokdari）統率大軍入侵亞美尼亞，到處姦淫擄掠，全國大受其難，使者幾乎被殺。他們抵達拉耶斯後，兩位傳教士不敢繼續旅程，於是將所有任命狀和文書交給尼可羅，與他們辭別，在聖堂護衛首領的保護下回返。

尼可羅和馬飛阿帶著馬可波羅啟程，東行的路程漫長，行程經常因為冬季嚴寒而耽擱，歷時三年半才回到大可汗的朝廷。大可汗這時正進駐繁榮富強的開平府（後改名為上都，初為元朝首都，後來忽必烈將都城移至大都，也就是今日的北京），當他聽說尼可羅和馬飛阿歸來，即刻派人在四十日的路程外迎接，一路上讓他們享有特殊禮遇。

●波羅兄弟臨行前接受新教皇的祝福

●教皇接見波羅兄弟圖

《馬可波羅遊記》的原序中明確指出，馬可波羅的父親和叔父是到哈喇和林經商，可是他們離開哈喇和林時卻成為基督教會的使者，並攜帶一封大汗致教皇的信函，承諾將帶回幾件宗教信物。這說明當時東西方著重宗教往來，當時歐洲人希望能更加瞭解中世紀歐洲以外地區的宗教信仰情況。

進皇宮晉見大可汗

尼可羅和馬飛阿帶著馬可波羅來到帝都皇宮。大可汗左右有群臣伺候，他們跪見大可汗，態度謙卑恭敬。大可汗吩咐他們平身，詳細詢問出使情況。兄弟兩人報告大汗一路順利無恙，見大可汗聖躬康健，心中很是歡喜。之後他們呈遞教皇交付的書狀，獻上耶穌聖陵的聖油。大可汗見了欣喜，命人珍藏起來，又見年青的馬可在旁，便問他是誰。尼可羅說：「他是我的兒子，陛下的臣僕。」大可汗說：「歡迎他。」使者到來，大可汗一朝紛紛以禮款待，供給一切所需。他們從此留在大可汗朝廷內，擔任殊榮的職銜。

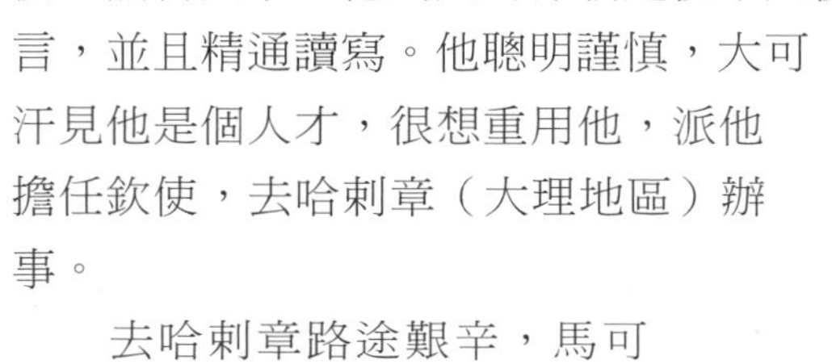

尼可羅的兒子馬可非常努力學習韃靼人的風俗習慣、語言文字。他到大可汗朝廷後不久便已學會四種語言，並且精通讀寫。他聰明謹慎，大可汗見他是個人才，很想重用他，派他擔任欽使，去哈剌章（大理地區）辦事。

去哈剌章路途艱辛，馬可

●波羅兄弟帶著馬可來到中國朝見大汗

從十三世紀初到十四世紀中葉的一百年間，歐洲的商人和傳教士前往東方，可謂「道路相望，不絕於途」。馬可波羅不僅肩負宗教使命，並懷有商業目的，是當時最具代表性的人物之一。

花了六個月才抵達。他不僅盡忠職守，並且聰明機靈。他聽說派往各地的欽使回來時，除了稟報職務外，都沒有將各地新聞報告大可汗，所以大可汗常責備他們是無知識的傻子，他想聽聞外地的人情奇事、風俗習慣，比職務報告興趣更濃。所以馬可奉命出使時特別注意各地奇事，預備回來時講給大可汗聽。

●身著韃靼人服飾的馬可波羅

馬可波羅對韃靼人的服飾情有所鍾，當他在東方遊歷二十四年後回到威尼斯，仍穿著奇異的韃靼服飾，以致被家人拒於門外，直到他撕開身上韃靼長袍，露出衣內的黃金才得進門。馬可波羅帶回的珠寶，他鄉異國的冒險經歷和東方文明古國的傳奇，讓威尼斯人大開眼界。

馬可歸來之後，晉見大可汗報告奉使經過，表現非常優異。報告結束後又描述途中所見之奇聞怪事，講得引人入勝，並且還蒐羅許多奇怪物事獻給大可汗。大可汗及其左右大為驚異，皆說：「這位青年大有可為。」

馬可波羅從此在大可汗的朝廷任職十七年，這期間內他不斷奉使出國。馬可每回都出使成功，歸來時都會跟大可汗報告各地奇聞，因此大可汗極寵愛馬可波羅。

●大汗對波羅三人的長途跋涉和冒險深感驚訝

忽必烈對波羅三人的冒險旅程驚訝之餘，並不相信任何宗教能掌握絕對真理，他認為各種宗教都可以當作政治工具。他在1265年接見波羅兄弟時，央請他們轉告教皇選派一百名有學問的教士前來，輔佐管理日益龐大的帝國。然而教皇錯失了這個機會。

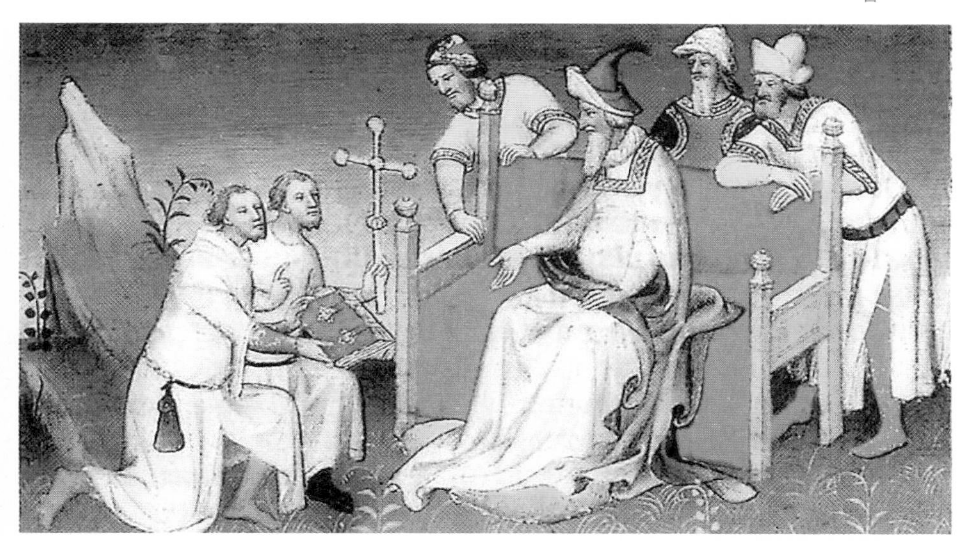

請求大可汗允許返國

●睿智的馬可波羅成為大汗生日宴會上的尊貴客人

世人對馬可波羅在中國究竟扮演何種角色存有疑問。有識者稱，馬可剛到中國時只是個初出茅廬的青年，以元朝西域高人之多，儘管馬可聰明睿智，忽必烈也不會委以重任。馬可自稱去過雲南印度等地，人們只稱他閣下，而無官銜，所以有人推斷，馬可只做過替皇室放高利貸或經商取利的官商。儘管說法各異，人們對忽必烈欣賞馬可波羅之說並無爭議。

尼可羅、馬飛阿和馬可三人長期在大可汗朝廷任職，生活富足，衣食榮華。但他們想要回故鄉，屢次請求大可汗允許。大可汗非常喜歡他們，想將他們留置左右，是以好話說盡，都無法改變大可汗的心意。此時東韃靼伊兒汗國的君主阿魯渾之妻博爾加納皇后去世，皇后遺召說明除本族外，不許別族女人登其后座。阿魯渾派出兀剌臺（Olatai）、阿勃斯加（Apusca）、火者（Goza）三人，攜帶大批隨從前往大可汗朝廷，請求賜予一名故妃同族之女為妻。

三位大臣來到大可汗朝廷告明來意，大可汗熱誠接待，並召來一名博爾加納皇后的同族公主闊闊真。公主年十七歲，生得極嬌豔好看。大可汗將她引介給三位使者，使者非常滿意。於是大可汗派遣許多重要隨從，護送公主去伊兒汗國。

所需行裝備齊後，三位使者跟大可汗辭別，沿來時路回去。三人騎馬八個月，適值韃靼諸王內鬥，內陸交通中斷。三位大臣無所適從，只好再回到大可汗的地方。

那時馬可先生剛從印度回來，三位使者見尼可羅、馬飛阿和馬可三人皆是拉丁民族，並且聰明過人，商量後決定請這三位護送。他們朝覲大可汗，請求他同意由海路回返，並願得三位拉丁人同行。大可汗極看重這三位，不得以割愛，勉強答應使者的請求，允許馬可波羅等護送闊闊真公主和三位使者去伊兒汗國。

● 闊闊真公主與中國古代公主長相相似

《永樂大典·站赤》中所記三位使臣的名字和《馬可波羅遊記》中所記波斯君主阿魯渾汗派遣到中國來的三使臣名字完全一致，但《站赤》中既未提及馬可波羅，也未提及闊闊真公主，不免令人生疑。研究者發現波斯的「史集」中明確提到阿魯渾汗派以火者為首的使團至中國求親，以及闊闊真公主抵達波斯與合贊完婚的原始記載，可與《馬可波羅遊記》互相佐證。

● 玄奘取經回國

西元七世紀時，中國高僧玄奘從長安出發到印度北部取經，花費了十八年的時間，最後攜帶數百卷經文手稿回到中國。馬可波羅在中國十七年，他的東方旅行耗費了二十四年的光陰。

尼羅馬三位離開大可汗

大可汗召見三位，當面賜以兩面金牌和聖旨，內含有全國通令，持之不得受阻，沿途所經之地皆能獲得充分補給。大可汗委派他們致信給教皇、法蘭西國王、西班牙國王及信奉基督教諸國的王公。又預備十四艘大船，每艘船有四根桅杆，張帆十二面。十四艘船中有大船四五艘，每艘船備水手兩百五十至六十人，每艘船備足糧食兩年。

護送公主的三位大臣和尼可羅、馬飛阿以及馬可波羅一行在告別之際，大汗又賞賜許多美麗的紅寶石和昂貴珠寶。

啟錨出海約三個月後，船隊駛抵南方的爪哇島（Java）。當地有許多值得紀錄的珍聞，容後再詳述。駛離爪哇島後，接著沿印度洋航行十八個月，才到達目的地伊兒汗國。這段航行中又有許多奇聞軼事，本書最後會提到。必須先說明一件事：航行期間水手和乘客約死去六百人，三位使臣只有一人倖存，不過所有貴婦和女侍只有一人死亡。

●馬可波羅時代的商船

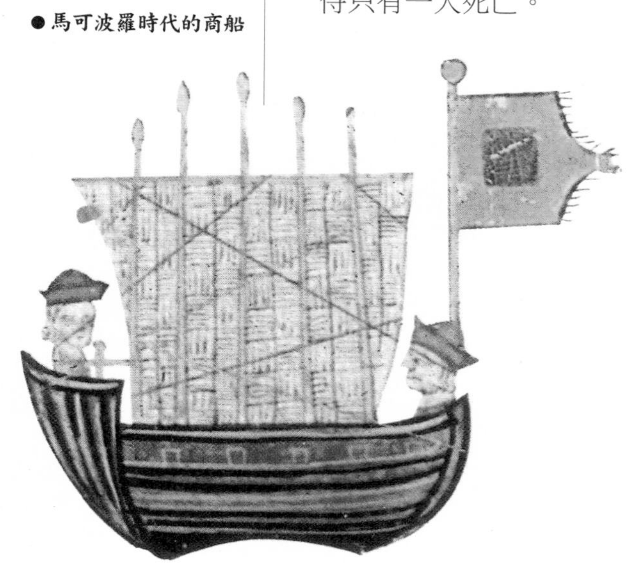

他們登陸之後才知道阿魯渾已死去多時，由親王乞合都繼位。波羅兄弟向新王請示如何安置新妃，他的答覆是將新人賜給阿魯渾之子合贊。合贊當時正鎮守波斯邊境的阿博塞科（Arbor Secco），當地駐有六萬餘人的軍隊防守險關要隘，抵禦外敵入侵。

波羅三人將新妃護送至合贊駐地，然後返回乞合都的王都，因為王都位於回國

● 威尼斯的帆船

威尼斯建城於五世紀，由於小島盛產鹽，商人出於對外貿易發展需要，成為一流的造船商。羅馬帝國滅亡後，威尼斯借助貿易力量走向黃金期，船成為必備工具。

必經的方向，在這裏休息了九個月。告別新妃時，闊闊真贈以四面金牌，每塊長一腕尺，寬五英寸。金牌上鐫刻的銘文是：「祈求上蒼，護佑大汗，皇帝英名，既壽也昌。」

●**威尼斯是一個商人國度**

威尼斯原屬東羅馬帝國，西元十世紀末成為一個獨立共和國，由於交通便利，成為西歐與東方的貿易中心之一。十三世紀初，西歐發動了第四次十字軍東征，威尼斯趁機在地中海城市中獲取商業特權。

銘文上又特別載明，凡在他的疆域內，三位專使所到之處，地方官吏必須恭敬迎送，支付一切費用，並派遣衛隊護送；違抗本令之人，當處以死刑並抄家。因此他們沿途所遇到的官吏皆一一照辦，有些地方甚至派出兩百名以上的騎兵護衛。他們在旅途中得到大可汗忽必烈駕崩的噩耗，重遊故地的希望完全破滅。

他們沿著預定路線繼續前進，終於到達了特烈比宗德（Trebizond，今土耳其東北方），再轉君士坦丁堡，途經尼格羅蓬特，最後平安回到繁榮的威尼斯，這時是1295年。

波羅三人回到故鄉後，特別感謝上帝恩賜，保佑他們歷盡艱難險阻平安歸來，拯救他們於九死一生中。以上概述可作為小序，讓讀者大致瞭解馬可波羅旅居東方各國多年的生活經歷。

小亞美尼亞

●小亞美尼亞貴族個個剽悍善戰

亞洲的大小亞美尼亞有很大的區別。小亞美尼亞的國王住在塞巴斯托茨城（Sebastoz），他立法森嚴，人民都很守法。境內城鎮林立，要塞和碉堡遍佈。國內物產豐富，應有盡有，但是王國的風俗習慣和生活環境不利於人民健康。據說古代的小亞美尼亞上層貴族尚武，都是剽悍善戰、令人敬畏的勇士，然而今日他們已變成醉生夢死、受人鄙視的酒徒。

●拉耶斯港

小亞美尼亞濱海區有座巨大的商業港口，名叫拉耶斯。這裏聚集了威尼斯、熱那亞和許多其他地方的鉅賈，是香料、藥材、絲綢、毛織品等珍貴商品的交易集散港。欲前往地中海東部各國山區的旅行者，一般都先到這裏駐足。

小亞美尼亞王國南部邊境土地肥沃，物產豐富，現在被撒拉遜人（Saracens）佔據；北部是卡拉馬尼亞（Karamania），住著土庫曼族；東北部是愷薩里亞（Kaisariah）、塞瓦斯塔（Sevasta）和一些韃靼人的城市；西部地區面臨大海，與基督教國家的海岸遙遙相望。

土庫曼省

土庫曼省（Turkomania）的居民分為三種。一種是土庫曼的回教徒，崇拜阿拉真主穆罕默德，遵守回教法規，民性野蠻彪悍，靠牧畜維持生活。他們住在人煙稀少、道路險阻的偏僻山區，那裏有適宜放牧的豐美草原。當地出產優良的突厥馬，還有一種體形優美的騾子，售價很高。另外兩種人是希臘族和亞美尼亞族，這兩個民族都住在城市和設防的村寨裏，多從事商業和手工業，生產的精美地毯譽滿全球，同時還製造紫紅色的和各色綢緞。境內有科格尼（Kogni）、愷薩里亞和塞瓦斯塔等主要城市。聖布萊斯（Saint Blaise）就是在塞瓦斯塔殉難。這些城市都由東韃靼君主委派的監督官管轄。我們現在將進一步介紹大亞美尼亞王國。

●朝聖途中的土庫曼穆斯林

朝聖者向聖地行進，聖地埋葬著聖人或珍藏聖物。儘管朝聖的路途艱辛危險，但也有不少樂趣。

●土庫曼清真寺

馬可波羅來到中國主要經過西亞和中亞。在中世紀時，沒有一位旅行家記載的亞洲知識像馬可波羅那樣豐富。圖為土庫曼塔爾克屯清真寺，是中亞最古老的三部式清真寺。

諾亞方舟山和奇異噴油井

大亞美尼亞王國幅員遼闊。阿津甘城（Arzingan）位於咽喉要地，生產一種名叫邦巴津毛葛（bombazine）的細棉布和各類棉織物，聞名遐邇。

境內遍地溫泉，純淨清潔的泉水來自地下。居民大多是亞美尼亞人，臣服於韃靼。境內有許多大城，首府是阿津甘，也是大主教駐蹕地；其次的大城是阿吉朗（Argiron）和達爾吉茲（Darziz）。

大亞美尼亞地域廓落，水草豐美，適於放牧。東韃靼軍隊每逢夏季便移駐於此。這裏冬季天寒地凍，大雪

● 桑加爾蘇丹的陵墓

建於十二世紀，是當時最大的陵墓。

● **大洪水** 十九世紀初銅版畫。

● **從方舟放出鴿子**

諾亞造方舟的時候受到許多人嘲笑，認為他杞人憂天。方舟完工後七天，天上開始降下大雨，並且連下四十天，使高山沈入海底，只有方舟浮在水面。一百五十天後大水退去，眾山頂才露出水面。又過了四十天，諾亞先放出烏鴉，烏鴉只在空中盤旋，七天後再放鴿子，鴿子又飛回。又過了七天，諾亞再放了一次鴿子，這次鴿子銜了一根橄欖樹枝回來。諾亞又再放一次，這次鴿子再也沒有回來，因為牠已找到棲息的地方。

紛飛，馬匹無法取得飼料，軍旅必須遷到氣候溫暖草木不枯的南方過冬。

如果要從特烈比宗德去陶里斯（Tauris），必須取道帕珀思城堡（Paipurth）。這裏有座蘊藏豐富的銀礦。大亞美尼亞中部有座巍峨高山，據傳聖經的諾亞方舟就停泊在這座山上，因此又稱做方舟山。方舟山方圓廣碩，繞山腳一圈須時兩天。山頂皚皚白雪，終年不化，因此沒人能攀登上山巔。然而靠近山腳的平原與低窪地區有融化雪水滋潤，土壤十分肥沃。每逢夏季，許多遊牧牲畜會成群聚集在此，不必擔心飼料匱乏。

大亞美尼亞的西南部毗鄰摩蘇爾（Mosul）、馬里丁（Maredin），還有其他許多地方，因為數目太多，不能詳細描述，但摩蘇爾和馬里丁以後將補行介紹。大亞美尼亞的北部和格魯吉亞（Zorzania）接壤，邊界附近有座噴油井，油產量高，產品用駱駝運輸。當地產的石油不能食用，只能製成治療皮膚病的藥膏，並且可以做成燃料。附近各國人民都長途跋涉來此購買這種燃料油。

英國考古學家發現這塊亞述人記事的泥板上，有與《聖經．創世紀》諾亞方舟故事非常相似的內容。
有關方舟與大水的傳說可追溯到一萬一千年前，當時是最後一次冰河期後期，人們推測這場災難是地震和洪水同時發生所造成的，也有人認為是因地球與小行星相撞使地軸發生傾斜，大陸沉入海洋造成的。

亞歷山大的鐵門關、鹹水湖的奇跡

格魯吉亞王國的王公稱為大衛梅利克（David Melik），亦即大衛國王。這國家的部分領土被劃入韃靼的版圖，另一部分由於城池堅固，還掌握在當地王公手裏。格魯吉亞夾在兩個內陸海中間，北邊（西部）臨黑海，東臨阿巴庫海（Abaku，今日的裏海）。裏海方圓兩千八百英里，是個內陸海，不與其他海相通。海上有幾座島嶼，島上城鎮與寨堡風景優美。其中一些島嶼上有難民居住，都是韃靼族侵擾波斯王國時，為逃避戰禍而來到這裏。據傳這裏古代國君呱呱墜地時，右肩部天生有塊鷹記。格魯吉亞的人民都是勇敢熟練的水手、訓練有素的弓弩手和英勇善戰的戰士。他們信奉基督教，遵守希臘教會的教義，服飾儀態和西方教士相同，頭上蓄著短髮。

●修道院

馬可波羅是基督教徒，因而在旅途中特別關注各處的修道院，多次在遊記中提及修道院及修道士的生活。元大汗對馬可波羅的信仰並沒有成見，足見大汗宗教開明。他曾對馬可說：「有人敬耶穌，有人拜佛，其他人敬穆罕默德，我不曉得哪位最大，我都敬他們，求他們庇佑我。」

亞歷山大大帝在位時，曾企圖從格魯吉亞向北擴張，直到經過某座險峻關口。它一面朝海，另一面的崇山峻嶺長達四英里，陡崖峭壁無路可通，正是一夫當關，萬夫莫敵的險要之地。亞歷山大大帝長征未成，於是在此地修築一座關寨，抵禦外敵侵擾。由於關寨易守難攻，堅固如銅牆鐵壁，所以號稱鐵門關。據說亞歷山大大帝曾把韃靼人圍困在這座山谷裏，其實與事實不符，當時該地還沒有韃靼人的蹤跡，而是一支多種族混合的民族，名叫庫馬尼（Cumani）。

境內有許多城鎮和城堡，生活豐饒，盛產絲和金錦絲綢，人民主要以商業和手工業為生。當地還有一種巨碩的鷹，名叫亞維齊（avigi）。國內多山，丘陵起伏，路

● **亞歷山大像**

亞歷山大光芒萬丈的一生吸引了許多人，其中包括馬可波羅在內，而有關他的傳說則是眾說紛紜。在西元四世紀曾經風靡一時的偽利斯提尼傳奇中，認定亞歷山大曾到過中國，證據是一根刻有銘文的廊柱上有提到他的名字。而馬可波羅在帕米爾山區旅行時聽當地人說，他們的馬是亞歷山大的愛騎布賽法羅的後代。

●劈木頭的修道士

隘道險，人馬往來極為艱難，所以韃靼人無法完全征服。

國內還有座供奉聖盧納多（Saint Lunardo）的修道院，座落在鹹水湖邊，湖方圓約有四天路程。奇怪的是，鹹水湖平日不見魚類蹤跡，但在四旬齋的第一天起至復活節前夕，魚群蜂擁而至。復活節結束後，魚群又渺無蹤影。這面湖名叫格盧查拉特湖（Geluchalat，即西海）。前面提到的裏海四面環山，赫狄爾（Herdil）、蓋杭（Geihon）、庫爾（Kur）、阿拉茲（Araz）等大河都流注入此。已有商人開始在裏海航行，並且自當地運送一種名叫格利絲（ghellie）的絲織品。

●書寫的修道士

歐洲中世紀時，絕大多數貴族不會閱讀和書寫，但修道士能夠把他們的所見所聞寫下。他們的傳抄手稿成為書籍，並搭配上精美的插畫和圖案裝飾。

格魯吉亞國內有座以美麗出名的特夫利斯城（Tiflis）。該城在郊區構築碉堡，環繞在城四周。城內亞美尼亞人和格魯吉亞人都是基督教徒，也有部分居民是回教徒和猶太人，不過後兩者居少數。該城有製絲業和各類商品製造業，居民服從韃靼人統治。

本書一般只介紹每個王國的主要城市，其餘城市不擬列舉。如果有特別值得注意的事，以後有機會再行補述。現在已經介紹亞美尼亞北部接壤的鄰國，下面再介紹南部和東部毗鄰的國家。

摩蘇爾和庫爾德人

摩蘇爾（Mosul）王國幅員廣大，境內有多種民族聚居。

當地是摩蘇爾紗的產地。凡是從這國家出來經商的大商賈，都被稱為摩蘇爾商人，專門將大批香料和藥材運往國外銷售。

庫爾德族（Kurds）居住在摩蘇爾的丘陵地帶，族人中有部分是基督教徒，另一部分則是回教徒，皆以掠劫商旅為業。

毗鄰摩蘇爾的穆什（Mus）和馬里丁（Maredin）兩地盛產棉花，以兩地棉花織成的棉布叫做博卡錫尼布（boccasini），除此以外還生產各種棉織物。居民經營手工業和商業，服從韃靼君主統治。現在接著介紹巴格達。

巴格達陷落始末

巴格達（Bagadet，或做Baldach）是座宏偉大城，也是撒拉遜人的哈里發（khalif，即穆罕默德繼承人）——類似基督教教皇——的駐蹕地。大河穿城而過，往印度洋進出的商品都必須經過這條水路。由於河道蜿蜒曲折，航程長達十七天之久。航行出海的船舶沿河直下，停泊在出海口基西（Kisi），再由這裏出海。船隻在到達基西前，必須經過巴爾薩拉城（Balsara），該城樹林環繞，出產全世界最優良的

兩河文化孕育巴比倫文明。在兩河流域文明星光耀眼之際，世界上很多地區還處於茹毛飲血的蠻荒時代。圖為巴格達城伊什塔爾門上的動物圖案。

海棗。

巴格達的紡織業極為鼎盛，生產金線絲綢、繡花錦緞以及絲絨織品。絲絨織品彩繡以飛禽走獸，十分豔麗動人。從印度運往歐洲的珍珠寶石，也都在這裏加工。

●哈里發的軍隊在戰場上

當地人民對研究穆罕默德學說和法規的熱忱，不亞於研究物理學、天文學、地輿學和面相學。巴格達城是我在這片遼闊地域中所見過最壯麗宏偉的都市。

●工作中的巴格達天文學家

在馬可波羅的敍述裡，當時另一個國際型的大城市北京城內至少有五千多個星占學家，他們懂得在夜間觀察星象，預測人間禍福。

據說哈里發聚寶如山，歷史上任何一代王公都望塵莫及，但是他的下場極慘。韃靼王擴張領土版圖的初期共有兄弟四人，長兄名叫蒙哥，繼位為王。他們已經征服了契丹的土地，依然野心勃勃，想繼續擴大版圖。於是他們擬定征服世界的計畫，企圖瓜分世界。韃靼人兵分四路，四兄弟中一人東征，一人南下，其餘兩人負責進兵其餘地方。

南征統帥由旭烈兀汗擔任，他集合大隊人馬揮軍南進，兵力所向戰無不勝，攻無不克，並於1255年抵達巴格達。他懾於巴格達城高牆堅、人口眾多、防禦力強。要攻下這座城市必以智取，不得強攻。他擁有騎兵十萬，其中還不包括步兵在內。他採取誘兵之計，命令一支軍隊隱藏在巴格達附近，另一支軍隊埋伏在城外密林，偃旗息鼓不讓敵人察覺。自己則率領第三支軍隊正面進攻，直逼城下。哈里發見韃靼兵力少，起了輕敵之心，而且他迷信回教徒常用的鼓噪突擊戰術。他帶領人馬出城，呼嘯著突襲敵軍。旭烈兀汗一見敵人開城出迎，立即揮師撤退，佯裝敗陣，直把敵軍引進圈套，然後下令回師，並命令兩支伏兵從後側包抄，將哈里發的軍隊團團圍住，截斷他的後路。

哈里發全軍覆沒，人也被俘，巴格達城頭豎起降旗。旭烈兀汗進城後，發現一間藏寶塔內儲滿黃金，不禁大吃一驚。立即下令把哈里發押來追問。旭烈兀汗斥責哈里發貪婪殘忍，並指出他不懂得利用財富去組織訓練軍隊，防衛自己的都城免受敵人侵犯。他接著下令將哈里發鎖在這座高塔內，斷絕一切糧食。哈里發獨對他的財寶，落得餓死儲寶塔的悲慘下場。

中世紀時，巴格達的紡織業世界聞名，巴格達商人透過駱駝商隊把精美的紡織品運向世界各地。

基督徒的移山奇蹟

巴格達的哈里發非常忌恨基督教徒，我認為我們的主耶穌該替他的忠實信徒洗冤雪恥。這位哈里發自1225年繼位以來，處心積慮要使全國人民改奉伊斯蘭教。違逆他心意的人，便找藉口處死。哈里發召集教內長老們密謀策劃，他們在聖經的福音書內發現一段話：「如果你們的信心有芥菜粒那麼大，你們應當對這座山說，山啊，請你移到別的地方去吧！那麼山就會聽你們的話，立即移去。」哈里發發現這段話後歡喜若狂，因為他認為這事完全不可能，正可成為利用的藉口。於是他下令所有住在巴格達的基督教徒，不管是聶思托留教派（Nestorians，傳入中國時稱為景教）還是雅各教派，不管人數多少都必須前來見他。

哈里發詢問這些基督徒，是否相信福音書上一切屬

●進入巴格達

亞歷山大要所有的希臘人和波斯人都臣服於他。西元前331年，亞歷山大攻占巴格達，以世界上最年輕的征服者形象出現。他的東征遠達印度，卻於西元前323年病逝於巴比倫，時年三十三歲。臨終前，他制定了一項革命性政策：把希臘和波斯人合編入他的軍隊，接受希臘教育。圖為亞歷山大風光進入巴格達的情景。

li aparust en macedone en la samblance quil li deust aidier quil peust retorner sain et sauf a son peuple non mie por luy. mes por le sauuement deaus. Lors a ombra la uertu diuine.

Coment alixandres se fet a ler en la mer en .i. tonnel de uoirre.

實。基督教徒回答稱是。於是哈里發說：「既然都是真實，你們中間有誰願意向我證明他的信心真誠；假如在你們之中，沒人對上帝的信心比得過一粒芥菜籽的話，我今後便把你們看成邪教徒，上帝摒棄的人，沒有真正信仰的人。給你們十天的時間，在這期限內必須靠自己的信心，感動你們的上帝耶穌，把面前這座山移到別處去。不然該皈依我的真主，信守他的法規。你們所到之處會得到真主保佑，否則請等候接受最殘酷的刑罰！」

巴格達的基督教徒早就領略過哈里發的暴虐無道，並且知道他時刻在覬覦他們的財產。現在聽過哈里發的話，不禁為自己的生命安全憂心，但又堅信他們的救世主耶穌，相信他決不會坐視不顧，一定會顯靈拯救他們。於是基督徒們召開緊急會議，打算商討出萬無一失的對策。可是除了祈求上帝開恩，聖靈拯救之外，實在別無他法。

為了哀求上帝廣施鴻恩，伸出援救之手，巴格達的基督教徒不分男女老幼，停下一切工作夜以繼日地跪地禱告。經過一連八晝夜的哭求，終於有位教徒楷模的主教，在夢中得到神的啟示，要他找一位補鞋匠，卻沒有告訴他補鞋匠的姓名，只說是個獨眼人。夢中並指示他請補鞋匠到山上祈禱上帝，靠神的恩典移走大山。

● 大流士的流亡

西元前331年，亞歷山大率軍從埃及回師亞洲，與波斯主力決戰，後在底格里斯河東岸的高加米拉以西與大流士交戰，史稱高加米拉戰役。大流士逃遁，波斯慘敗，亞歷山大奪取了巴格達。圖為亞歷山大進入巴格達前與大流士決戰，大流士再次逃跑。

主教終於找到這名鞋匠，告訴他神的啟示，請他按神旨辦事。但是這位鞋匠表示自己無德無能，承擔不起這項重任。巴格達的基督徒們苦苦哀求這位補鞋匠，請求他為眾人祈禱，補鞋匠最後答應了。誠如所知，這位獨眼補鞋匠是位虔誠的基督徒，道德高尚，心地純潔，忠誠地信奉上帝，並且定期參加彌撒，從不停止禮拜和祭典。他為人又樂善好施，嚴守齋戒和教規。

基督教朝聖是生命朝向永恒純淨的必經之路。圖為聖拉茲爾教堂門廊上的雕刻，中間是耶穌基督，兩邊是上帝的選民和罪人。

有天一位美麗的少女來到他的鞋匠鋪，請他配一雙鞋。當她伸出腳，無意間裸露她潔白如玉的腿，鞋匠頓時萌生邪念。他立刻想起福音書上的一段話：「當你的眼睛犯了罪，應當將它剜下丟掉；因為一個人一隻眼睛上天國，總比雙眼齊全進入地獄、受火熬煉好得多。」所以他馬上用製鞋工具將自己的右眼剜出。從他的行動中，可判斷出他的信心堅貞不渝。

到了規定期限那天，基督教徒們黎明晨起做彌撒，禮畢後，全體教徒整隊前往那座山腳下的平原。浩蕩的隊伍由十字架前導，行進的氣氛肅穆又哀傷。哈里發認

●上帝的選民與罪人

正義的靈魂被天使引入天堂，而罪人的靈魂被巨手拖入地獄。

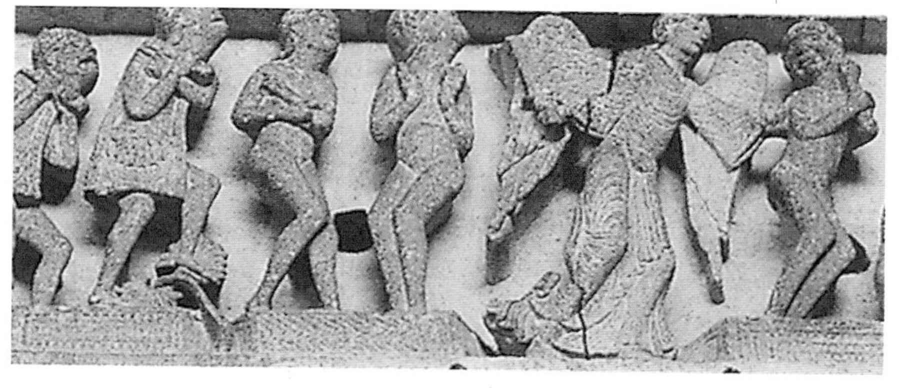

為基督教徒在虛張聲勢，自己則帶領衛隊，耀武揚威地來到現場，待他們一旦移山不成，立刻展開殺戮。

這位虔誠的鞋匠跪在十字架前，雙手高高舉起，謙恭地祈求造物主大發慈悲，俯視大地芸芸眾生，憑他的光榮聖名和榮耀顯靈，證明基督教的信譽及法力無邊，使信徒能完成這艱難的使命，藉此給侮辱信徒的人一個警戒。他禱告完畢後，大聲疾呼道：「我以聖父、聖子和聖靈之名命令你，大山啊，請移往別處吧！」

●神和上帝

神聖羅馬皇帝亨利二世被教會封為聖人。

隨著他喊聲消失，山移動了，整片大地在轟隆聲中搖晃，果然出現奇蹟。哈里發和他的護衛嚇得目瞪口呆，陷入一片慌亂。其中許多人當場宣示信奉基督，連哈里發也暗誓改信基督教，人們在他死後，才發現他衣服底下掛著十字架，因此他的遺體禁止被埋葬在其祖先陵園內。所有的基督徒，聶思托留教派和雅各教派的人，為了紀念上帝的恩德，每年到上帝顯神蹟之日，都會舉行莊嚴隆重的儀式，並且在節日前夕齋戒，表示永誌不忘。

● 聖靈降臨

陶里斯

陶里斯（Tauris）是伊拉克王國內一座雄偉壯麗的城市。雖然伊拉克境內還有許多大小城鎮，但陶里斯居各城之首，人口最為稠密。居民主要經營商業和紡織業。紡織工業主要生產各種絲綢，尤其以金線織物價格最昂貴。陶里斯城位置適中，屬王國的商業樞紐，來自印度、巴格達、摩蘇爾、克雷默索（Cremessor）和歐洲等地的商人，都雲集在此交易，商品吞吐量很高。城中珠寶貨源充足，供各地商賈採購。

當地許多對外貿易的商人成了百萬富翁，但是一般百姓卻非常貧困。這些貧民來自各民族各教派，譬如格魯吉亞人、波斯人、亞美尼亞人、聶思托留教派人、雅

《古蘭經》是伊斯蘭聖書，先知穆罕默德口授上帝之言，共一一四章。

各教派人和穆罕默德的信徒等，每個民族都保有所屬民族的語言和文字。其中伊斯蘭教徒佔去絕大部分，稱為陶里斯人。城市近郊有無數果園，品種優良，景色秀麗。

●《古蘭經》畫花邊頁面

當地回教居民虛偽無道。依據伊斯蘭教義，對異教徒偷盜搶劫合法無罪，被基督教徒處死或傷害的回教徒，則被認定為殉道者。

若非當時統治者執法森嚴，使他們有所禁忌，否則會犯下更多罪行。所有撒拉遜人的道德如出一轍。在他們臨終前，祭司會來到他們面前詢問，是否相信穆罕默德是神的真正使徒。如果他們給予肯定的回答，祭司就擔保他會得救，犯罪的人可輕易獲得赦免，所以大批韃靼人都改信回教。

從陶里斯騎行十二天，可抵達波斯。

●伊拉克境內的市集

馬可波羅對回教徒似乎並無好感，可能與他當時在中亞和西亞的遭遇有關，但他卻大加讚揚伊斯蘭國家的城市和商業情況。

聖巴薩摩寺院

距離陶里斯不遠的地方有座寺院，以聖者巴薩摩（Saint Barsamo）命名，院中修道士以虔誠聞名。院裏有一位修道院長和許多修道士，服飾類似卡梅利斯托缽教士（Carmelite）。修道士生活勤儉，終日編織羊毛巾，專門用來在祭祀時鋪在祭壇上。當他們出外化募時——和聖靈教派情形相似——就將羊毛巾饋贈朋友與賢者。人們把這羊毛巾視作風濕病的靈丹妙藥，因此普遍受到歡迎。

●修道院

中世紀的修道院建築結構宛若城堡，這是大約建於西元1000年的克呂尼修道院簡圖。

波斯人的拜火淵源

●公元前三世紀的波斯騎兵

古代的波斯（今伊朗）是個強盛大國，但現在大部分土地遭到韃靼人蹂躪破壞。

波斯境內有座城市名叫薩巴（Saba，即薩瓦，今已廢），三位波斯先哲從薩巴啟程至伯利恆拜見耶穌基督，三人死後的遺體被安葬在薩巴城，陵墓修造得壯美堂皇，鬚髮保存完好無損。三位先哲中第一位名叫巴爾撒薩（Baldasar）；第二位名叫賈斯帕（Gaspar）；第三位名叫梅爾基奧爾（Melchior）。馬可波羅曾多次搜尋三位先哲的事蹟，但除了埋葬的墓地之外，其餘無人知曉。

從這裏再騎行三天，可到達一座名叫帕拉薩塔（Palasata）的城堡，意即拜火教之城。城堡居民確實崇

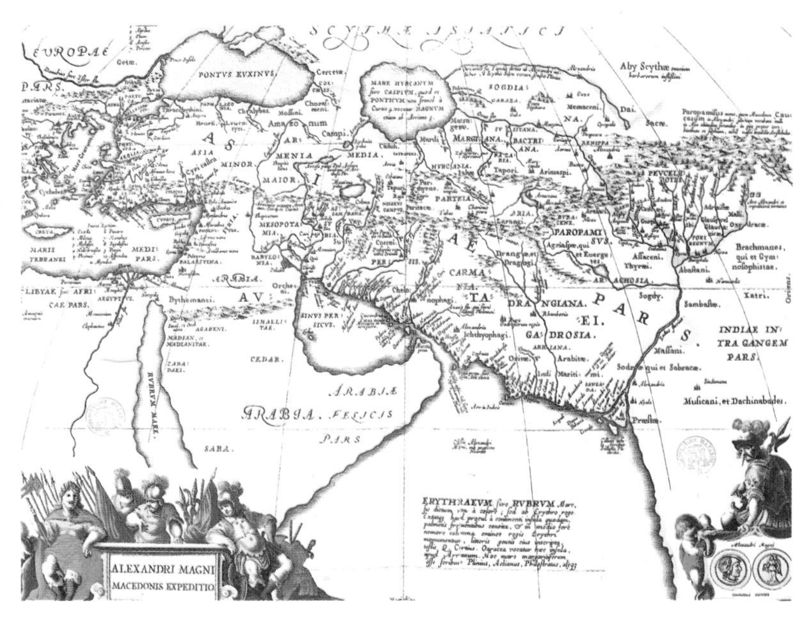

●亞歷山大大帝以前的波斯版圖

當時波斯帝國在大流士的統治下內政腐敗，勢力日衰。帝國在小亞細亞邊境地區僅部署騎兵兩萬，希臘雇傭兵兩萬，船艦四百艘，難擋亞歷山大的鐵蹄。亞歷山大的遠征，在歐亞非三洲遼闊的土地上建立了一個前所未見的龐大帝國。

● 波斯戰士造型

● 耶穌復活圖
拉斐爾作

耶穌復活造成基督教會興起，沒有基督的復活，也就沒有基督教。基督教植根於耶穌復活的歷史，是基督教與其他宗教的根本區別。

拜火神，其拜火的淵源如下：

據城堡居民所言，古代波斯有三位王子，同去拜見某位剛出生的先知，並各自攜帶黃金、乳香和沒藥的贈禮；他們想試探這名先知究竟是天神、人王，抑或是聖醫。他們說，如果他接受黃金便是人王；接受乳香便是天神；如果收了沒藥，他就是個聖醫。

三位波斯王子來到耶穌面前，其中最年輕的一位首先向耶穌示敬，卻覺得耶穌年歲與自己相仿。接著年紀稍長的王子謁見耶穌，年紀最大的王子最後進去致意，都認為耶穌與自己的年歲和身材相若。三位王子交換彼此印象之後，一致認為應立即膜拜耶穌，耶穌才在他們面前顯現真實的嬰兒年齡。

三位王子拜辭耶穌時，嬰兒贈送他們一隻密閉箱子。他們離開數天後，受好奇心驅使開箱來看，發現箱內裝的是塊石頭，暗示他們對天主的信仰該如石頭般堅固不渝。然而，當他們看到箱內原來是塊石頭時非常詫異，以為上當受騙，於是把石頭丟入一口枯井中，誰知石頭竟熊熊燃燒起來。

他們見了這情景，十分懊悔自己行為魯莽，不應丟掉那塊石頭。於是取其火帶回，放置在一座教堂裏，使它繼續焚燒發光。從此以後，他們拜此火為神，成了拜火教，用牲禮祭祀供奉。如果火焰熄滅，即到當時投石取火的枯井中取出原火——井中之火長燃不熄——絕不使用其他的火取代。這就是波斯人民拜火的淵源。

●長鬍子的基督

馬可採訪當地居民，得知故事始末：三位王子之一確實是薩巴人，第二位是戴阿瓦人（Dyava），第三位就是帕拉薩塔城堡的王子。城堡居民至今仍崇拜火神。接著應介紹波斯的風土民情。

波斯三王子給初生的耶穌呈上黃金、乳香和沒藥，卻換得一只裝有石頭的盒子。盒子被扔入井內，井裡噴出烈火。這就是波斯拜火教的起源。

● 波斯馬像土庫曼的汗血馬一樣神奇

波斯八國

波斯幅員遼闊，由八個小王國組成，名稱分別如下：

進入波斯境內的第一個王國叫凱西賓（Kasibin）；第二個王國在南方，稱為庫爾德斯坦（Kurdistan）；羅耳（Lor）是第三；北方的蘇奧利斯坦（Suolistan）為第四；第五是斯巴恩（Spann）；第六是錫拉斯（Siras）；第七是桑卡拉（Soncara）；第八是蒂莫全（Timochain），位於波斯最邊緣。除了蒂莫全在北方外，其餘王國都在波斯南部。蒂莫全與阿博塞科接壤。

● **波斯國王大流士站在戰車上**

亞歷山大與大流士之間交戰無數，其中有三次大規模決戰，分別是格拉尼庫河戰役（西元前334年）、伊蘇斯戰役（西元前333年）、高加米拉戰役（西元前331年）。這裡表現的是亞歷山大與大流士交戰的伊蘇斯（Issos）戰役。馬其頓人以三萬兵馬戰勝了大流士的十六萬大軍。大流士落荒而逃，家眷被俘，財產盡入征服者手中。

波斯馬馳名世界，大量輸往印度，售價奇高，每匹馬價格一般不低於兩百利佛托洛（livres tournois，法國古錢幣）。波斯國也產有俊美的驢子，當地驢價高於馬的價格，因為驢比馬容易飼養，能馱載較重物品，腳程較長，比一般馬匹耐勞。

波斯會議大殿的遺跡。浮雕上是國王和手執遮陽傘、蒼蠅撣子的隨從。

在各省間遷徙的商人必須經過無垠的沙漠和貧瘠的荒原，距離水源遙遠，而且每日長途跋涉，所以商人喜歡用驢，而不偏重馬和騾子。驢適宜在罕無人煙、水草缺乏的地方活動，不僅腳程快，也不必攜帶太多飼料。也有商人用駱駝作交通工具，牠們同樣可以馱載重物，也可節省飼料和費用，但行速不如驢子。波斯商人將馬匹先運到基西、忽魯謨斯（Ormus）和印度海沿岸各地，由馬販子轉運印度。由於溫帶氣候生長的馬匹不適應印度的炎熱氣候，壽命皆不長。

波斯境內某些地區的居民野蠻殘忍、嗜殺成性，彼此互相殘殺乃司空見慣。如果不是東韃靼君主持法嚴苛，對違法犯罪者施以酷刑，不然過往商旅受害情形將更加慘重。凡是要通過危險地區的商人，可在當地居民中雇用可信賴的嚮導，護送他們抵達下個地區。嚮導根據路程的遠近來收費，每只運貨牲口約取價二至三個銀幣（groat）。

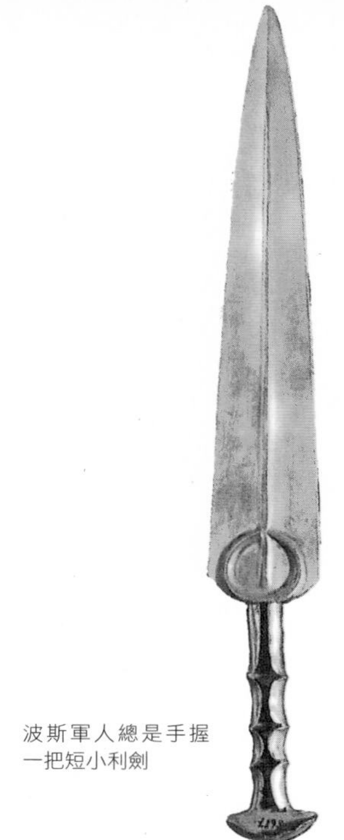
波斯軍人總是手握一把短小利劍

城市居民大多是以商業和手工業謀生。他們製造各種絲織品、金銀器皿及裝飾品。境內盛產棉花，並出產小麥、大麥、栗和其他多種穀類。也出產葡萄和各類水果。

據說撒拉遜人遵守教規滴酒不沾，事實並非如此。他們不過把酒煮開，讓酒精蒸發，燒煮過的酒甘甜如蜜，飲用它並不犯戒，良心上也可自我安慰；酒味雖然變了，但還不失為酒，僅換過名稱而已。

亞斯迪城

亞斯迪（Yasdi）是波斯境內的可觀大城，商業相當發達。出產絲與金線織成的亞斯迪布，由商人行銷至世界。居民信奉回教。

從亞斯迪出城，必須越過一個計有八天路程的大平原，沿途只有三個地方可駐足，並且會穿過不少大棗樹林，林中有許多飛禽走獸，如野驢、鷓鴣、鵪鶉等。喜歡打獵的商旅，可在此享受遊獵的樂趣。野驢數量很多，而且非常漂亮。第八日傍晚可抵達另一個王國，名叫起爾曼（Kierman）。

●繡帷上的中世紀獵人造型

起爾曼王國

起爾曼王國位於波斯東部，從前是君主世襲制，自從劃入韃靼人的版圖後，由韃靼人委派監督官管理。起爾曼王國的丘陵地區出產一種名為突厥玉的寶石，山內蘊藏豐富的鐵礦與銻礦。該地製造的軍用品工藝精良，如馬鞍、馬勒、踢馬刺、刀劍、弓矢、箭袋，以及這國家人民使用的各種武器。婦女和年輕男子善刺繡，用絲線和各色金線刺成鮮豔且式樣新穎的織品，種類繁多，繡工精美。繡品上的飛禽走獸形態畢肖，圖案裝飾巧妙，令人歎為觀止。富裕人家喜歡用這些刺繡作帳幔、被單和枕褥。

在岡巒綿延的山區，有世上最美的隼在山嶽上空翱翔，體積比一般獵鷹小，胸腹部的羽毛和尾巴呈淡紅色。隼飛行敏捷，飛鳥若遭獵擒，幾無倖免。

● 波斯繡品上的動物圖案

離開起爾曼沿著平原走，行程約七天，道路平坦易行，沿途風景秀麗，令人心曠神怡，尤其是鷓鴣和其他獵物的數量多至目不暇給。市鎮村寨櫛比鱗差，居民如星點散佈在平原上。最後到達一座長坡高山，約有兩天路程，山上果木鬱鬱蔥蔥。過去這地帶曾有人煙，現在除了畜牧之民外，不見其他居民。抵達山坡之前的路程酷寒，即使多穿戴衣服和皮衣，也難以禦寒。

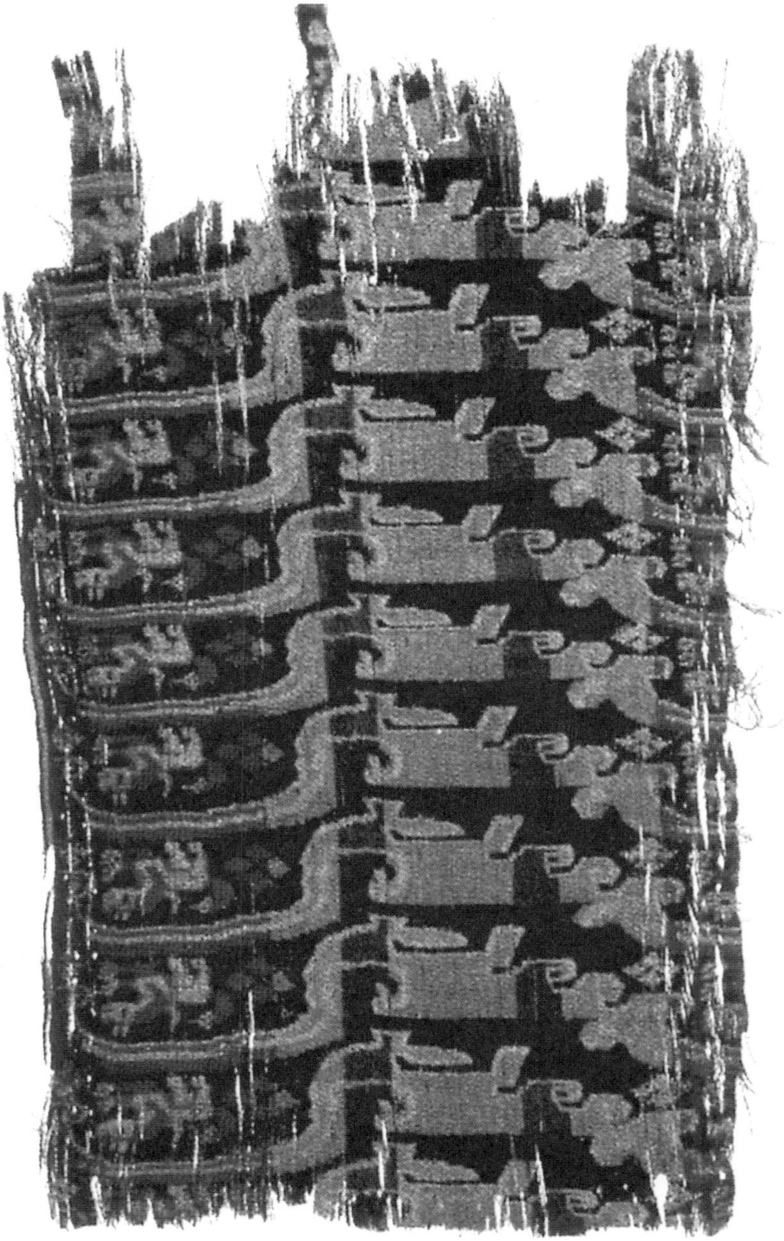

● 波斯風格的織錦

卡曼杜城

越過這座山坡後即進入平原，平原徐徐向南延伸，行程約需五天。平原入口處有座市鎮，名叫卡曼杜城（Kamandu）。以前是座大都市，地處扼要。幾經韃靼人侵擾，如今已失去昔日光采。毗鄰城市名叫雷奧巴爾（Reobarle）。

平原氣候溫暖宜人，出產小麥、大米和各類穀物。山地附近盛產海棗、石榴及各色水果。其中有種名叫亞當的蘋果，非寒冷地區所有。豐富的果實吸引山雞和斑鳩麇集在此覓食。回教徒厭惡這些野禽，從不以牠們為食。雉和鷓鴣數量尤其多，特別是鷓鴣，除腿部和鳥喙是紅色外，身體其餘部分黑白相間，與別國品種大異。

牲畜中也有些罕見的品種，特別是大白牛。由於當地氣候炎熱，牛毛稀薄，皮膚光滑，牛角粗短巨大，肩上的肉瘤高達兩掌尺。大白牛體型非常健美，可用來運載巨重貨物。裝載物品時，牠們也像駱駝一樣先跪在地，裝好貨物後才站起。我們發現當地的羊和驢一般大，羊尾粗長，體重達超過三十磅，肉味甘美

●**波斯繪畫：大流士死在亞歷山大懷中**

伊蘇斯戰役後，大流士致信亞歷山大，要求贖回他的母親和女兒，並願把女兒許配給亞歷山大，遭到亞歷山大拒絕。亞歷山大繼續追擊，進入阿富汗，而大流士在逃亡途中被他的叛軍所殺。

可口。

這地區村鎮林立，為了抵抗卡鬧納斯人（Karaunas）的侵擾，每座村鎮周圍都築起高厚土牆。卡鬧納斯人每到這地區必洗劫人民財物。為了讓讀者瞭解這夥強盜的來龍去脈，這裡便略加介紹一下。過去有位名叫努戈塔（Nugoda）的王公，他是大汗窩闊臺的兄弟察合台的侄兒。察合台當時正統治土耳其斯坦（Turkestan）。

努戈塔早在察合台在位時就野心勃勃，陰謀自立為

●大流士的葬禮

王。他聽說印度馬拉巴省（Malabar）當時還在阿斯伊丁（As-idin）蘇丹的統治下，尚未歸入韃靼版圖，於是秘密集結一批亡命之徒，約有一萬人馬。他告別了叔父察合台，隱瞞計畫取道巴拉香（Balashan），長驅直入喀什米爾王國（Kesmur）。由於征途艱險，騎兵損失慘重。最後進逼馬拉巴省，出其不意襲擊阿斯伊丁的領土，佔領德里城，進而統治馬拉巴省。帶去的韃靼人膚色淡黃，而印度婦女皮膚暗褐，兩種民族的混血被稱為卡鬧納斯人，他們的語言紛雜。卡鬧納斯人向來以行劫維生，不僅只在雷奧巴爾，所到之處，無不為非作歹。

● 窩闊臺汗

努戈塔王公是大汗窩闊臺兄弟察合台的侄兒。馬可波羅把努戈塔描寫成一個窮凶極惡的人，這與史書所記載並無多大出入。有學者認為，馬可在這裡插上努戈塔的例子，可能與他的遭遇有關。他很可能懷疑他在途中遇劫，是卡鬧納斯人所為。

卡鬧納斯人從印度學來一種妖法，他們用咒語施法呼風喚雨，令飛砂走石，頃刻間天昏地暗，視野只剩周圍咫尺。當他們準備行劫商旅時，常使用這法術，使他們的偷襲不易被察覺。這一帶是他們的行劫舞臺，因為各地來的商人都聚集在忽魯謨斯，等待從印度來的商人，商人們在冬季時會將因長途跋涉而疲憊的馬匹和驢子送往雷奧巴爾平原，利用當地的豐美水草將它們養得膘肥健壯，卡鬧納斯人便乘機大肆搶掠。放牧的商人如果無錢贖身，就會被迫為奴。

馬可波羅有回也曾陷入這黑天迷霧中，他僥倖脫險，逃入康薩爾米城堡（Konsalmi），但有許多同伴被俘虜，有的被出賣，有的甚至被殺。那些卡鬧納斯人的首領叫做科羅巴（Corobar）。

下斜坡至忽魯謨斯

前面已經介紹過，從這塊平原南部邊緣繼續向南行走五天，會有道大山坡橫亙於前，長約二十英里。因為這裏群盜蜂起，經常襲擊和搶劫過往行人，路況非常危險。下山坡後經過兩天路程，可直通另一景色秀麗的忽魯謨斯平原。平原境內有許多優美的大小河川，遍地是棗樹林，林內棲息鷓鴣、鸚鵡和我國見不到的各種鳥雀。最後抵達大洋沿岸。離岸不遠處有座小島，島上有座城市叫忽魯謨斯。它的港口是印度各地香料、藥材、寶石、珍珠、金線織物、象牙和其他貨物的匯集地。印度商人將上述商品轉賣給其他各國商人，轉銷到世界各地，所以忽魯謨斯享有商業城的盛名。

每逢夏季氣候酷熱，城內居民容易患病，因此陸續移居海濱或河邊避暑，住在柳枝建築的水上小屋裏躲避酷陽。水上小屋構造簡單，他們每日大約從早上九時到

● 十五世紀的世界地圖

儘管馬可波羅已深入東方腹地，但在中世紀時，絕大多數人都認為世界是一個平面，不相信地球是圓的。這是1489年繪製的地圖，反應了當時人們眼中的世界。

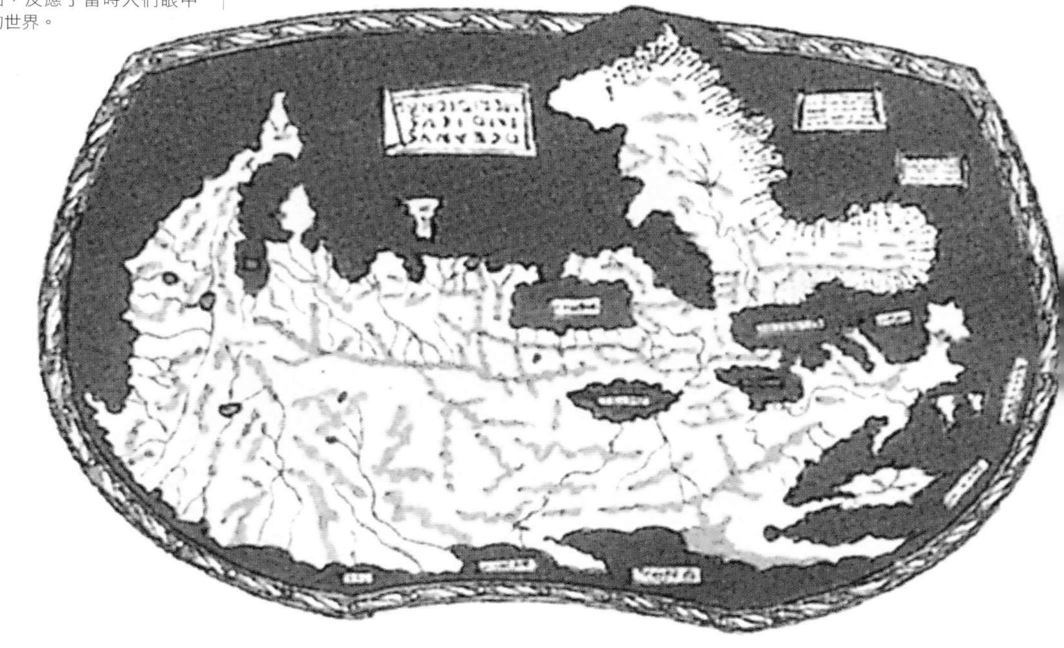

正午之間會棲息在水屋內，因為這段時間會有股熱風從內地刮來，炎熱得讓人難以呼吸，甚至會窒息而死。如果在沙漠裏遇到這種熱風來襲，人畜絕對無法倖免。當地人一旦察覺熱風即將刮至，便迅速投入水中，直沒下顎，等待熱風過後才敢浮出水面。

● 東方物品源源不斷運往西方

對中世紀的歐洲來說，東方盛產的香料不但可以用來保存食物，也可以給醃製食品增添濃烈香味。這些商品主要由阿拉伯的中間商經海路運往西方。

為了證實這熱風的厲害，馬可波羅描述了下面這件事。事情發生的時候，他正在當地。由於忽魯謨斯的統治者不願意再向起爾曼王納貢稱臣，起爾曼王決定乘忽魯謨斯大部分居民出城避暑的季節，調動軍隊突襲忽魯謨斯城，強迫他們臣服納貢。起爾曼王派騎兵一千六百

東方香料和藥材在歐洲大受歡迎。

患熱風病而死的人，他們生前穿過的衣服要被燒毀。

人和步兵五千人，取道霍奧巴爾暗取忽魯謨斯城。然而他們卻被嚮導耽誤，沒在夜暮降臨前抵達目的地，只好紮營在相距忽魯謨斯不遠的小樹林內。第二天清晨，正當他們準備進攻時，突然遇到熱風吹襲，全體官兵受熱風窒息而死，連報信人都無法逃出，未能將這悲慘消息報告他們的國王。當忽魯謨斯人知道此事後，便派人去掩埋屍體，以免腐屍臭氣污染空氣而引發瘟疫。但他們發現屍體全被熱風烤焦，一經移動便肢體分離，只好就地挖坑掩埋了事。

忽魯謨斯人的造船技術非常差，航行時經常發生危險。船隻的毛病在於造船木料質地過於堅脆，同陶器般易裂，敲打進去的鐵釘經常彈跳回來，使船板發生裂痕。船板兩頭必須小心翼翼地用螺旋鑽孔，然後用大木釘楔入，構成船隻雛形。接著再用印度出產的一種堅果（即椰子），用其如馬尾般的纖維製成繩索，將船版像縫衣一樣聯接起來。

埋葬因熱風病而死的人

繩索製作時得先將堅果的皮浸泡水中，使果肉部分腐爛，然後把其中絲條洗淨曬乾，製成細繩，縫連船板，在水底經久耐用。船底不塗瀝青，只塗一種用魚脂製成的油，再用麻絮填塞縫隙。每艘船上桅、舵和船艙各一，貨物裝滿後以獸皮覆蓋，貨艙上並裝載運往印度的馬匹。船上沒有鐵錨，只有水底纜繩；因此在印度洋惡劣的氣候中經常觸礁沉船，海難事故頻傳。

●中世紀的大木船

在中世紀時，東方造船業的確不及西方發達，忽魯謨斯的造船技術讓威尼斯出生的馬可波羅大為失望。

忽魯謨斯的居民膚色暗褐，信奉穆罕默德。

當地達官貴人死後，其妻在連續四星期內，每天必須哭嚎一次；有人以號哭為業，為了獲得報酬，對著自己毫無情感關係的人撫屍慟哭。

●平底帆船

中世紀時，中國商人的航海路線可到達非洲，絲綢之路則是陸上貿易路線，商人們運送到中東和歐洲的產品有絲織品、瓷器和紙張。圖為中國商人的平底帆船。

介紹完忽魯謨斯後，暫且先不提印度。現在轉向北方，再度回到起爾曼。

離開忽魯謨斯後，會橫跨過一塊美麗平原。平原物產豐饒，鳥雀繁衍，尤其鷓鴣更是不勝其數。當地飲水苦澀不堪，製成的麵包有苦味，用這裏生長的小麥做的麵包，不習慣的人很難下嚥。沿途有不少天然溫泉，溫熱的河水可治療皮膚病和多種疾病。這裏還盛產棗子和瓜果。

經過枯瘠之地

告別了起爾曼，我們旅行了三天，進入一片大沙漠邊緣，再走七天就到達科比爾姆城（Kobiam）。最初三天行程中，沿路只能尋得少量的水，而且水綠如青草，味鹹無法飲用。光滴水入口，便令人時時作嘔；如果吃下用這種水熬成的鹽，也會產生同樣效果。因此這片沙漠的過往行人必須自帶飲水。牲畜只能飲用這種水解渴，而且也會立即肚瀉。整整三天行程中不見人煙，乾旱的沙漠和荒蕪的土地一望無垠。由於沒有飲水，牲畜在此無法生存。

第四天來到一條淡水河邊，河床大半隱沒地底，只有幾處因急流湧穴，自穴口可看見飲用水，疲倦的旅行者和牲畜都在這裏休息。後三天的行程艱苦，情況和前三天完全相似，最後到達科比爾姆城。

● 沙漠苦旅

世人對馬可波羅的東方神奇故事多有疑問，卻從未對他在沙漠中跋涉的經歷感到懷疑，故有人認為馬可只到過中亞地區，並未深入中國。

奇異之樹

離開科比爾姆城，進入一片行程八天的大沙漠，沿途飲水奇缺，又無瓜果，不見林木，縱使找到一點點水，也是苦澀難嚥。因此過往商旅必須隨身攜帶足夠的飲用水，牲畜只得找沙漠中的水泉解渴，必要時將麵粉調入水中，以減少苦味。

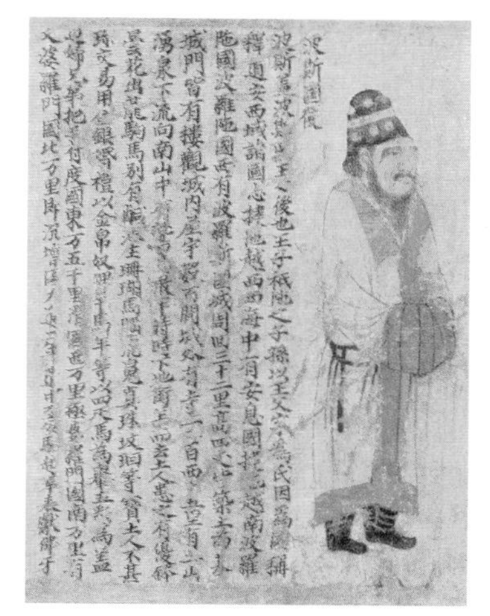

●波斯國使圖

第八天薄暮時行抵蒂莫全省。它位於波斯北部邊境，境內有許多城鎮和堅固的要塞。還有塊幅員廣闊的大平原，以出產太陽樹而著名，基督教徒稱之為「松樹」或「無果樹」。其樹身高大挺拔，樹葉表面為綠色，背面是白色或淺藍色，結硬殼果，和栗子殼類似，殼內沒有果實。該樹的木材質地十分堅硬，色黃，類似黃楊木。百英里內沒有其他樹林，只有在大約十英里外的地方發現一塊綠洲，當中有其他樹木。據當地人說，這裡曾是馬其頓國王亞歷山大和大流士（Darius）交戰的戰場。

境內所有城鎮生活必需品的生產和供應十分充裕，氣候溫和適中，人民信奉回教。一般來說，該民族容貌優美，尤其是女子。據我的看法，她們是世上最美的女人。

馬其頓軍隊和波斯人在格拉尼庫河西岸決戰

山中老人和他的刺客

介紹完這個國家後，現在講講山老。山老住在穆列赫特（Mulehet），名稱按照撒拉遜語，是指異教徒聚居的地方。當地人民被稱為穆列赫特，或異教教義者，和我們用帕塔里尼（Patharini）稱呼基督教的某些異教徒一樣。下面敘述的族長山老，是馬可波羅從各式各色人那裏聽來的故事。

山老名叫阿洛丁（Alo-eddin），信奉回教。他在兩座高山間一條美麗峽谷中建造了一座華麗的花園。園內栽遍各種奇花異草、鮮瓜美果，還有大大小小的宮室座落在園內各角落。宮室內富麗堂皇，有金線刺繡和繪畫，傢俱上鋪以美麗絲綢，宮室周圍安裝溝渠，可以看見美酒、牛乳、蜂蜜和清沏的水四處流動。

●美女吹奏圖

馬可波羅非常欣賞東方美女，他對道聽途説而來的美女形象常常擅自發揮。有關波斯宮庭美女的圖景，完全來自於中國皇室內流傳的消息。

● 波斯人民輕歌漫舞

宮室裏住著姣美的妙齡女郎，她們吹彈歌舞，技藝樣樣精通，尤其擅長調情和誘惑。這些美女濃裝豔抹，嬉戲於園內的亭台水榭中，服侍她們的女侍和僕役都閉鎖在深宮內院，不輕易拋頭露面。山老建造這迷魂奪魄花園的目的如下：穆罕默德曾對信徒說，只要服從他的意志，就可以在極樂園內享盡人間之福，與天仙美女在極樂境界中嚐遍耳目之好與肉體豔福。因此山老也企圖讓自己的追隨者明白，他和穆罕默德一樣是先知。凡是討好山老喜歡的人，山老有權力准許他進入極樂園中享樂。

為了防止人在未經許可下擅入這幽雅迷園，山老特地在峽谷入口處建造了一座堅固的城堡，堡內有條秘密通道通往這個山谷。他豢養了一群十二歲至二十歲的青少年，這些少年來自附近各山區。山老先讓他們接受軍事訓練，培養他們勇敢的特質，並且每天對他們宣揚先知的極樂園，以及他擁有進入樂園決斷權的話題。每隔固定一段時間，他會用麻藥麻醉十或十二個青少年，等他們昏迷後，再命人把他們送到迷園裏的各宮室去。

山中老人訓練刺客

這些青少年從昏迷中甦醒，馬上發覺周遭一切正如平時聽過的描述，是他們夢寐以求的地方。每個人都被姣美的姑娘簇擁，姑娘個個千嬌百媚，曼歌妙舞，施以無限溫柔的擁抱與愛撫，將他們勾引得失魂落魄。園內同時擺上美酒佳餚，使他們醉飽在溫柔鄉內。這些青少年沉湎在牛奶和瓊漿的溪流裏盡情歡樂，誤以為自己身在極樂園中，眷戀纏綿不捨離去。

在溫柔鄉內歡樂四五天後，他們又被麻醉送出迷園。當他被帶到部落長面前，被問及曾經到過什麼地方時，他們回答：「到了極樂園。這是大王的恩賜。」他們在全體朝臣面前講述園中的經歷，聽到的人個個感到驚奇。

於是山老乘機對他們說：「我們的先知保證，凡擁護他的主人的人，都能進入極樂園。只要忠心服從我的命令，幸福也在等待你們。」所有的人受到這番話鼓舞，都非常樂於執行主人的命令，捨死忘生地為他效勞。

這方法的後果是：若有任何一個鄰國王公或其他人觸犯了山老，都會被他訓練出來的刺客暗殺。這些刺客抱持著為主人效勞的意志，將生死置之度外，犧牲生命也在所不惜。

山老有兩個代表，一位在大馬士革附近，一個在庫爾德斯坦，負責訓練青年親兵。無論誰有多大的本領，一旦和山老作對，就免不了被暗殺的危機。

山老的疆土剛好在蒙哥大汗的兄弟——旭烈兀汗的版圖內。旭烈兀汗得知山老殘忍暴虐，惡名昭彰，並且縱容山民打劫過往客商，於是旭烈兀汗在1252年派遣軍隊包圍山老的城堡，但是山老防守森嚴，頑強抵抗，整整攻打三年仍然不能攻克。最後由於城堡內彈盡糧絕，才被迫投降。山老被俘後被判處死刑，城堡從此卸除武裝，極樂園也被夷為平地。從那之後，山老這個人物不復存在。

● **刺客圖**

刺客在中世紀已經很普遍，山中老人的故事在波斯的史料中多有記述。

巴拉奇城

離開山老的城堡以後，有條道路直通一片寬廣無際的平原。我們行走在山嶽王國之間，到達一座名叫薩普甘城（Sapurgan）的城鎮，之後抵達巴拉奇城（Balach）。

古代的巴拉奇城比現在雄偉，後來由於韃靼人數次侵擾，城市部分建築遭到嚴重破壞，殘垣斷壁，一片瓦礫。許多大理石修蓋的宮室殿堂到現在已面目全非，只有寬闊的大廣場還歷歷在目。根據當地居民報告，亞歷山大大帝過去在這裏迎娶大流士之女為妻。當地回教非常興盛。東韃靼君主的疆界擴展到這裏，與波斯帝國的東北邊境接壤。

西元前327年，為聯盟伊朗貴族，亞歷山大迎娶貌美絕倫的羅克珊公主，締結一樁政治性婚姻。

告別了巴拉奇城，沿同條道路繼續走十二天，經過一片杳無人煙的地帶。這裏的盜賊無法無天，殘酷地打家劫舍，蹂躪當地人民。為了能安居樂業，居民相繼逃進深山定居，建築堅固的山寨和防禦工事。崇山峻嶺間有廣大的水草牧場和許多種類的獵物。當地有大量獅子出沒，而且獅身壯大。在整整十二天的山地行程中，沿途可食之物稀少，旅客必須帶足人畜所需的物品。

塔里寒城堡

士兵守護城堡

十二天路程結束，就到了塔里寒城堡（Thaikan）。該城沃野千里，景色優美，是穀物集散的大市場。塔里寒城的南面有高大山陵綿延，山裏蘊藏豐富的鹽礦，質地潔白堅硬，據稱是世界上最純淨的鹽，所以有不少遠方居民前來採運。

之後三天路程中會經過許多城市和寨堡，最後到達斯卡森城（Scassem）。斯卡森城由一名族長管轄。

離開斯卡森城，三天之內不見任何房舍，除飲水外，找不到旅客所需的食物，不過倒有幾處茂盛牧場可供牲畜食用，來往行人必須帶足路上一切必需品。走完三天路程，便會到達巴拉香省（Balashan）。

●城堡

中世紀的國王、貴族，以及他們的家庭成員、侍從和士兵都居住在城堡裡。東方城堡裡還常有比武和狩獵活動。

巴拉香王國的寶石和奔馬

巴拉香省的人民信奉回教。圖為禮拜前的洗禮池。

巴拉香省的人民信奉回教，有自己的獨特語言。王國幅員遼闊，全國長度有十二天的路程。君主是世襲制，都是亞歷山大和波斯國王女兒的後裔。他們為了表示對亞歷山大大帝的敬仰，歷代君主都保持朱爾卡南（Zulkarnen）的稱號，撒拉遜語的意思就是「亞歷山大」。

這地方出產寶石，以該省之名為名，質地優美，價格昂貴。寶石礦遍佈在高山中，但是根據國王命令，只允許在錫基南（Sikinan）的山區進行開採。開採寶石的方法和開採金銀礦床一樣，只允許官方開採。沒有國王的特准，不許私自開採寶石，否則會被處以死刑。

正在做禮拜的人們跪向麥加所在方向

這地方出產名馬，奇駿神速，四蹄堅硬，不必再釘馬蹄鐵。當地人常騎乘這種馬匹，馳騁在一般牲畜不能行走的崎嶇山地。據當地人說，不久前省內還留有亞歷山大名馬布賽法羅（Bucephalus）的血統，額頭上有種特別標誌。但是馬匹的飼養權都掌握在國王的一個叔父手中，不肯轉讓給他的侄子，因此被國王判了死刑。王叔的遺孀一氣之下殺死所有馬匹，導致名馬絕種。

王國內有許多易守難攻的險關要隘，可防禦外國強敵入侵。人民都是優秀的弓箭手和靈巧的獵人。這裏衣料奇缺，衣服都用獸皮製。群山岡巒起伏，成為野山羊的牧場，有時多達四五百甚至六百多頭。大群野山羊遭到捕殺，但是其繁殖力強，數量依然有增無減。

這些山脈海拔高，必須從清晨到夜晚不停不歇，才能攀至山頂。群山間芳草萋萋，有林木茂密的廣大平原。岩縫間清泉四溢，山溪出產鱒魚和其他許多美麗魚類。山頂空氣異常清新，有助於人體健康。居民如果患了熱病或炎症，到山頂上休養三四天，可立即病除。馬可波羅曾因為疾病纏身，在當地抱病將近一年。有人勸他移居山頂，果然不久後便完全康復。

上層階級婦女流行一種特別裝束，在齊腰以下，褲子之外穿上一種似裙非裙的布衣。她們根據自己的財力剪裁布料，一般都用八十或六十厄爾的精緻棉布製作（1厄爾＝1.14米）。她們將棉布一層層疊在臀部，讓臀部高高隆起。因為她們認為臀部愈高，人就愈發標致。

想像中的巴拉香王國奔馬

●**獨腳怪人**

由於《馬可波羅遊記》中充滿東方世界的奇聞異事，使孤陋寡聞的當代歐洲人難以接受。馬可病危前，他的朋友勸他刪除書中一些離奇故事，馬可回答說，他說出來的還不及他所見的一半。

●**歐洲上層婦女的裝束**

善施妖法的喀什米爾人和隱士階層

喀什米爾（Kesmur）省距離巴斯西亞（Bascià）有七天路程，居民使用一種特殊語言。當地人比任何其他地區的人都精通妖術，他們的佛像雖然是天然的聾子與啞巴，但是他們會使佛像說話。他們不僅能使白天變黑暗，還懂得許多其他幻術。這裡是佛教發源地，所以他們對偶像崇拜的熱情超出其他民族。

●印度耆那教石窟的立像

疆域內有條河直通印度洋。當地人的膚色暗而不黑，婦女雖然膚色暗褐，依然十分美豔。他們的主食是肉類、大米和其他穀物。民風儉樸，境內氣候溫和。除省府所在地之外，各地有許多城鎮和要塞。森林、荒原和山陵地區的關寨形勢險要，利於抵禦外敵入侵，保護人民生命財產安全。這裏的君主完全獨立自主，不向任何強國納貢稱臣。

人民中有個特殊階層，專以宗教為業。他們有共同的生活準則，對於飲食起居，尤其是兩性關係限制極嚴，貪色好淫會褻瀆他們信奉的神。不過，禁欲的生活使他們比一般人長壽。

這些僧徒分散在幾座寺廟內，廟內長老享有西方修道院院長的職權，受到人民敬仰。這個國家的人民不殺生，不傷害有生命的東西。如果想吃肉，必須請住在當地的回教徒屠宰。歐洲運來的珊瑚在這裏很值錢，比其他地方的售價更高。

沃克漢省

告別巴拉香王國後，向東北東的方向前進，沿途要穿越大河兩岸許多城鎮和村落，這一帶歸巴拉香王的兄弟管轄。騎行三天後到達沃克漢省（Vokhan），寬廣各有三天的距離。居民是回教徒，語言清晰易懂，是個文明的民族，而且勇敢善戰。族長管轄的領土是巴拉香王國君主的封地。離開這個國家後繼續保持東北東的方向，就到達了帕米爾高原。

●帕米爾高原上的宿營地

三天的路途中一山接過一山，在路上某處，你會認為環繞四周的山區是世界最高之地。群山中間有座大湖，有條河自湖中流出，順著高原伸展，流經的地區潤澤青綠。將最瘦弱的牲口帶到此處放牧，只要十天就可養得又肥又壯。

高原上有許多野生動物，尤其是有種羊特別巨大，角長可達六掌，牧人削羊角做成食器，或讓巨羊在夜晚時護衛他們的羊群，免受狼群侵襲。野獸的角和骨頭成堆地散置在路旁，成為旅人在雪地行走的指標。

沿帕米爾高原騎行十二天，一路十分荒涼，人煙罕至。因此在出發時，必須備足路上一切食用物品。高原群山巍峨，萬仞高山直沖霄漢，不易看見飛鳥盤旋。高山頂上空氣稀薄，氣候寒冽，山上的燃燒點很低，不能產生和平地一樣的熱量，取火烹煮食物的效果也比平地地區慢。這些現象雖然罕見，但已被證實為真。

走完十二天的路程，還要照同方向再走四十天。要攀越連綿起伏的莽山和蜿蜒曲折的大河，沿途荒原成片，河川縱橫。還有一片片寸草不生的茫茫沙丘，四處人煙絕跡，需攜備足夠的食物。這個地方名叫貝洛羅（Beloro）。在那最高的群山上卻住著桀驁不馴的野蠻部落，他們崇奉佛教，卻不挑肉食，無論獵取何種野獸，一概照吃不拒，身上也穿著野獸的毛皮。

馬可波羅在險峻荒涼的帕米爾高原騎行了十二天，為他的遊歷增添了許多探險色彩。

喀什噶爾城

古代喀什噶爾（Kashcar）是個獨立國家，現在已併入大汗版圖。居民信奉回教。本省幅員極其遼闊，城鎮和寨堡林立，其中最重要的城市就是喀什噶爾。當地人擁有自己的語言，多從事商業和手工業謀生，紡織業尤其發達。他們有美麗的花園、果木園和葡萄園。棉花、亞麻和大麻的產量也很豐富，由國內商人運銷世界各地。但這個國家的人民極不講究衛生，人們骯髒得可憐，食物粗鄙不堪，飲水品質低劣。居民除回教徒外，還有一些聶思托留派的基督教徒，他們按照自己的教規生活，在自己的教堂做禮拜。全省總面積約有五天路程。

●喀什噶爾的古城遺址

葉爾羌城教堂裏的奇妙柱石

葉爾羌（Samarcan）是座宏偉繁華的城市，部分居民信仰基督教，部分信仰回教。他們的君主是大汗的侄兒，不過叔侄關係並不融洽，經常明爭暗鬥，甚至釀成戰爭。葉爾羌城的位置在東北方，據說該地曾經出現過奇跡。不久之前，當時在位的君王是大汗的親兄弟，名叫察合台，察合台親王改信基督教，當地基督教徒格外高興。他們在察合台親王的幫助和保護下，建立了一座聖約翰紀念教堂。

這座教堂的構造是圓形，全部屋頂的重量都集中在教堂中央的一根圓柱上，圓柱底下用一塊方形石塊作柱石。他們在親王支持下，從回教徒的清真寺裏搬來這塊方形柱石。當時回教徒懾於察合台的權勢，不敢阻攔。

●沙特爾大教堂

沙特爾大教堂（位於今巴黎近郊）是世界最古老的教堂之一，教堂內除了有古老的聖母木雕像外，還有據稱是聖母生耶穌時所穿的衣服。

●和田玉

然而察合台死後由兒子繼位，新王不信奉基督教，回教徒們又恢復了過去的勢力。他們向新王討得一道命令，勒令基督教徒送回從前搬去的方形大石。基督教徒願意出重金賠償，但不希望歸還石頭，遭到回教徒斷然拒絕。索回那塊大石，讓基督教徒的教堂倒塌，才稱乎回教徒的心意。

基督教徒們陷入困境，一籌莫展，只有含悲忍淚地祈求聖約翰顯靈，拯救他們擺脫此辱。到了歸還柱石的期限，聖約翰果然顯靈現跡。教堂圓柱突然騰空飛起，離開那塊方形柱石三掌尺高。方形柱石固然可以輕易取出，但是大圓柱卻失去了支撐點，教堂勢必倒塌，其實不然。大圓柱雖然失去柱石，卻仍然高懸在半空中，承載著整座教堂的重量，使教堂保持完好。這奇跡一直維持到今日。

●甲狀腺腫大使人的面部出現變形

馬可描述的「大脖子病」在中國史籍及外國探險家記載中得到證實，並非臆說。

莎車王國

離開葉爾羌後進入莎車王國（Karkan）境內，全程約有五天路程。大部分居民是回教徒，一小部分是聶思托留派基督徒。王國向大汗稱臣納貢。該地物產富饒，生活富裕，盛產棉花，人民都是手藝精良的工匠。

因為飲用水質不潔，當地流行一種腿腫病和甲狀腺腫大病。除上述情況外，沒有其他值得注意的事物。

和田大省

朝東北東方向前行，即可到達和田省（Kotan），全省的距離有八天路程，屬於大汗的版圖，人民信奉回教。省內有許多城鎮和要塞，和田是其首府。該地物產豐饒，人民生活必需充裕。產品有棉花、亞麻、大麻、各種穀物、酒和其他的物品。居民經營農場、葡萄園以及各式花園。生計依靠商業和手工業，都不是能征尚武的戰士。

車爾臣省

車爾臣省經常發生搶劫偷盜之事

車爾臣省（Charchan）屬於土耳其斯坦的省份之一，位於東部和東北部之間。古代原是個繁華富庶的地方，由於韃靼人的破壞，現在變得滿目瘡痍。人民都信仰回教。車爾臣是該省首府，境內有幾條河川，出產玉石和碧玉，玉石大量銷往契丹，是該省的輸出大宗。

從培因省（Peyn）到車爾臣省

中間橫亙著一片大沙漠，沙漠裏雖有幾處清泉，但大都苦澀不堪。每逢韃靼大軍過境，居民如果勇敢抵抗，會遭受大肆洗劫，財物蕩然一空；如果對韃靼兵示好，牲畜則會被宰殺殆盡。因此當地居民只要一聽說大兵臨境，不問哪路軍隊，即刻攜家帶眷，揮趕牲口，奔走兩天的路程，逃往沙漠深處有淡水的地方避兵禍，以免生命財產遭殃。同時為了不受亂兵掠奪，他們把收穫的糧食收藏在沙漠的地窖裏，每月只取出夠吃的份量，除自己人外，決不透露藏糧的地點。他們走過之後，風沙會立刻煙沒他們的足跡，外人無從發現。

離開車爾臣後，要在沙漠中騎行五天，沿途水質大都十分惡劣，但並非所有水源皆不堪飲用。除此以外，已沒有什麼事值得注意。走完五天的行程，將到達沙漠的邊緣城鎮——羅布鎮（Lop）。

●**特洛伊的掠奪**

發生在遠古土耳其境內的特洛伊戰爭出自於荷馬史詩《伊里亞德》。十九世紀中葉，德國考古學家亨利謝里曼（Heinrich Schliemann）為了證明荷馬史詩的真實性，在土耳其展開考古活動，終於在1873年揭開了特洛伊的神秘面紗。這幅「特洛伊的掠奪」取自於一件瓶畫局部。

羅布鎮的沙漠怪聲

羅布鎮位於東北方羅布沙漠的入口處，屬於大汗的版圖，居民信奉回教。所有經過這片沙漠的商旅，一般都在羅布鎮歇足一段時間。一方面可以稍略休息，解除疲勞；另一方面備辦未來行程必需的物品。食物和商品都得雇用強健的驢子和駱駝馱送，假如牲畜在中途體力耗竭，不能繼續前進，旅客們便宰殺牠們為食。因為駱駝能夠馱載較重的貨物，而且食量小，較為經濟實惠。所以當地人使用駱駝居多，用驢子較少，

越過這塊大沙漠最狹窄地帶必需備足一個月的糧食，要穿越它的最寬闊地帶幾乎不可能，因為至少需要一年的時間，商旅實在無法裝運如此長期的食物。三十天的行程完全暴露在沙漠荒原和寸草不生的山嶺間，幸虧每晚的宿營地能找到水，水量雖不多，倒也足夠百人與牲口飲用。有三個宿營地的水鹹苦不堪，其餘二十餘天找到的水卻甘甜可口。沙漠內無處可覓食，所以野獸絕跡。

●**探險家斯文・赫定筆下的羅布泊**

1900年，瑞典探險家斯文・赫定（Sven Hedin）冒著生命危險深入羅布泊，揭開樓蘭古國的神祕面紗。他後來一系列的探險活動震憾世界，被稱為「西域探險之父」。

西元前七世紀至前四世紀針織品上的幽靈造型神秘而美麗

沙漠裏有許多惡靈出沒。它們戲弄往來旅客，使旅人產生幻覺，陷入毀滅的深淵。有些旅客白天睡過頭，或被事情羈絆而落後。當駱駝大商隊已轉過山腳不見蹤影，落後的人們會突然聽見有人呼喚他們的名字，口音似乎很熟悉，便誤以為同伴在呼喚他。這時如果循聲而去，必將迷失方向誤入歧途，釀成坐以待斃的慘劇。夜晚又會聽見另一種聲音，彷彿大隊人馬在道路兩邊行進，使人誤信為同伴的腳步聲。如果立即循聲而去，到天明才會發現已遠離大路，陷入危境。有時幽靈會在白天幻化成同伴的形象，呼喚他們的名字引誘他們。據傳有些人在經過這片沙漠時，會看見一支武裝隊伍迎面而來，遂趕緊趨避，以免遭受襲擊搶劫，但是這麼一來卻迷失了方向，找不到原來的路徑，最終悲慘地饑渴而死。又傳說幽靈會發出鼓樂聲，有時又槍聲大作，人喊馬嘶，旅客們不得不聚攏隊伍，以密集隊型前進。在夜間休息前應格外小心，必須預先標示第二天前進的方向，使明日不致迷失。同時還得在每只牲畜的項頸上掛響鈴，可防止失散和方便集中管理。這些都是在穿越這片沙漠時不可避免的麻煩和危險。

●塔克拉瑪干奇特的新月型沙丘

敦煌城的殯葬習俗

好不容易走完一個月的沙漠旅途，抵達一座名叫沙州（即敦煌）的城市，它屬於大汗的疆土，所屬省名叫唐古忒（Tangut）。人民信奉佛教，大部分是土庫曼族，少部分為聶思托留派基督教徒和回教徒，佛教徒間流傳一種特殊方言。沙州城位於東北東的方向，居民不經營商業，而從事農耕，當地盛產小麥。

境內有許多寺廟，廟內佈滿各種佛像。他們對這些偶像十分虔誠，時常以牲畜祭祀。當地人民若生了兒子，必請一位神祇作孩子的保護神。為了敬奉保護神，父親必先在家裏養好一頭羊，一年後遇逢這位神祇的祭日，父親會帶著滿歲的兒子和羊來到神前，犧牲羊作祭祀。他們將羊肉煮熟後供獻在神前，然後進行祈禱。供神的目的是求神保佑兒子延年益壽、百病不生，他們並且相信在祈禱過程中，神會來食用羊肉。祭祀完畢後，他們把祭神的羊肉帶回家，邀請所有親朋分享，大家聚

● **樂伎圖**

馬可波羅在沙漠中跋涉一個月才到達敦煌，他說這裡有許多寺廟和各種偶像，居民對之極為崇敬，正是敦煌的特色。可惜馬可波羅不是藝術家，不能鑑賞敦煌藝術之美。圖為敦煌莫高窟中北魏時期的樂伎壁圖。

●敦煌莫高窟飛天圖

●敦煌莫高窟飛天壁畫

飛天原本是一種樂會，最早出現在印度。據説樂神原名叫干達婆，因周身香氣彌漫，又稱為香間神。她在清晨時為佛陀和菩薩佈香獻花作禮讚，並演奏樂器，飛翔於花叢和雲霄之間。印度佛教把能在空中飛行的天神稱為「飛天」，在中國的道教中則稱為「飛仙」。敦煌壁畫中的飛天與洞窟創建同時，從十六國開始，歷經十個朝代。

在一起虔敬且歡樂地飽餐一頓，最後收集殘餘的骨頭，用精緻器皿保存起來。偶像的祭司們也可以分得羊頭、羊腳，羊腸和羊皮等部分。

當地佛教徒有種特殊的殯葬習俗。當名望人士等待入土為安時，親屬會請來星占學家，告訴他們死者的生辰，星占學家根據此數據來觀察天上星宿，確定死者出生時的星座，然後擇期安葬。如果這顆星當時不在上升中，星占學家會要求遺體停柩一周或更長的時間，有時甚至等上半年才許入土。死者親屬為了趨吉避凶，非星占學家擇定的良辰吉日，決不隨意舉辦喪禮。

由於這些原因，死者的遺體有時得長期停放在家中。為防止屍體腐爛，他們用一掌尺厚的木板製作棺材。棺材像個長方形大木箱，構造十分堅固，外面表層塗上油漆，接縫處填上瀝青和石灰的混合物，然後用綢

●經變圖

經變圖是敦煌莫高窟常見的藝術題材。圖為「維摩詰經變」圖。

布包裹整具屍體，放入棺材內，並撒上大量的香樹膠、樟腦和其他藥材。在家中停柩時的靈前供桌上，每日必須陳列麵食、酒等食物，約放置一餐飯的時間，讓死者享用。星占學家會告訴親屬星象觀察的結果，譬如靈柩不宜從大門運出，否則對遺族不利。親屬就必須從旁門，有時還必須穿牆而出。據說，親屬若不照辦，死者的靈魂會發怒，並且出來作祟，擾害家宅。

每當喪家發生不幸事件，或家人遭到意外、破財，或有人早夭，星占學家必指控這是葬禮安排不當，才招致橫禍。他們無非是歸咎家屬沒在死者降生的星辰上升

莫高窟塑像栩栩如生

● 希臘人的葬禮

時下葬，不然就歸咎屍體沒有從妥當的地方運出。

遺體一般在城外火葬。在靈柩送出城的必經之路上，必須每隔一段距離建造木屋，飾以彩綢，作為臨時停柩地。每逢靈柩停下，不管時間長短都必須擺上酒食，直到棺材到達目的地為止。他們認為這樣做能夠讓死者的靈魂休息，恢復精神繼續跟著隊伍前進。殯葬過程中還有一種風俗：他們用樹皮作成的紙為死者繪製大量男女、馬匹、駱駝、錢幣和衣服的圖形，跟著屍體一起火化，他們認為死者在陰間能使用紙片上所畫的人物和器皿。在舉行殯葬儀式的時候，所有樂器齊響，霎時之間吵鬧喧囂，震耳欲聾。

介紹完這個城市後，接下來將介紹位於西北部和沙漠邊緣的城市。

● 中國古代的蓋棺物

圖為馬王堆漢墓帛畫，呈T字形，上寬92釐米，下寬47.7釐米，長205釐米。出殯時放在行列前，落葬後覆在棺上。此物為目前保存最完整的西漢彩繪帛畫，西元1972年於湖南長沙馬王堆出土。

哈密地區的待客習俗

古代哈密省（Kamul）是個王國，省內有許多城市和集鎮，最主要的城市叫哈密，位於兩座沙漠中間，一面靠大沙漠，另一面靠小沙漠，全省長三天路程。人民皆敬佛，有自己的語言。他們依土產水果為生，食物飲料皆豐盛，足夠賣給途經的旅人。當地人好娛樂，終日遊手好閒，喜歡吹彈各式樂器，唱歌跳舞，並且喜歡閱讀和寫作。

客人到家中借住，主人如果非常喜歡他，會命他的妻子熱情款待，自己則離家在外暫住兩三天。客人停留的期間，凡主人代替客人購買的東西，都不需要付賬。

當地的婦女非常美麗，而且聽任丈夫擺佈。蒙哥汗統治這區時，下令要禁止此風俗，觸犯者要受懲罰。當地居民奉行三年後非常憂懼，因為自從廢棄此風後，土地不生、災難頻傳。他們請求大汗恢復這祖先流傳下來的風俗，否則將會導致家業不興。大汗回答說：「既然你們堅持受辱，我就依照請求，答應你們保持原有的風俗。」當地居民非常歡喜。此習俗一直保存至今。

●哈密出土的戰國時期土彩陶罐

哈密省講到此為止，現在告訴你們西北北方還有另外一省，此省隸屬於大可汗。

●哈密回教王陵

赤斤塔拉

赤斤塔拉省（Chinchitalas，即吐魯蕃）位於西北方的小沙漠邊緣，國境長有十六天路程，省內有許多城市集鎮，屬大可汗管轄。人民有三種，佛教徒、回回教徒和聶思托留派的基督教徒。省北面邊境上有一座山，出產鐵、鋅和銻。山中還有一種礦石，可以用來製作火蜥蜴（Salamander）。眾人皆知火蜥蜴並不是動物，凡所有動物皆由四元素組成，自然生長的動物不可能生於火焰中。一般人不熟悉火蜥蜴的詳情，誤以為它是動物，恐怕到如今還是這麼想，但這並非正確。

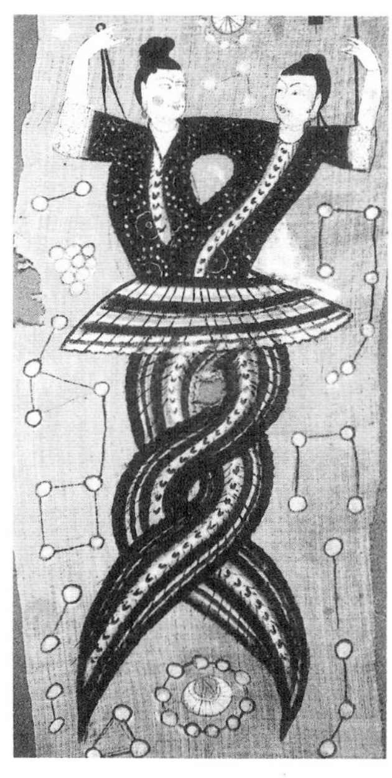

●吐魯蕃那斯塔那古墓出土的絹畫：女子弈棋圖

我有個聰明博識的突厥朋友，名叫楚爾非喀(Curficar)。他奉大可汗的命令，在該省住了三年，專管開採提煉火蜥蜴，以及鐵、鋅、銻等礦。大可汗每次派出官吏都是三年一任。我的朋友解釋這事給我聽，而我也親眼看見。可試著折斷從山礦裏提鍊出的火蜥蜴，它不會斷裂，而像羊毛細絲一樣連在一起。礦石取得後先曬乾，再放到銅臼中搗研，然後用水沖洗，把不需要的泥土洗淨，剩餘下來的就是我方才提到的細絲。這細絲看起來像羊毛，然後將之織成手巾。手巾初織成時並不是白色，放在火裏燒一段時間，手巾會變成雪白。這火蜥蜴手巾不論何時變髒，只要放在火裏燒，又會變得像白雪一樣。這就是火蜥蜴的真實情況。至於其他人說的都是謊言，或是無稽之談。

●吐魯蕃出土的伏義女媧麻布圖

羅馬城有這樣一條手巾，是當初大可汗送給教皇的禮物。大可汗派波羅兄弟做大使帶去給教皇，教皇用來包裹救世主耶穌基督留下的聖巾。聖巾上寫有金字：「你是彼得。我要在這塊石頭上建設我的教會。」

講完這個省，我要再告訴你們其他地方。

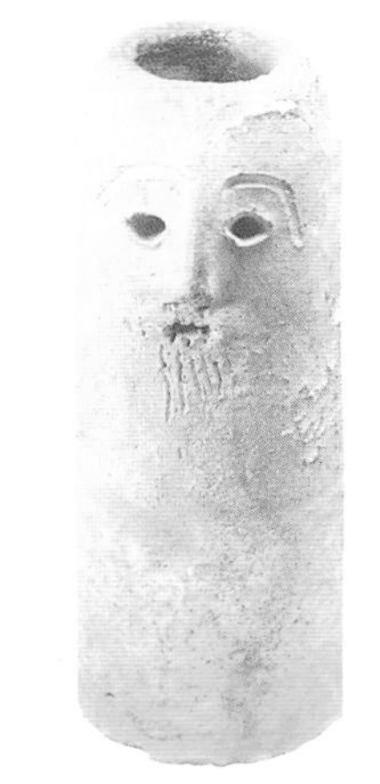

●吐魯蕃出土的宋代筒形人面陶燈

●唐時的吐魯蕃騎馬泥俑

●交河故城出土的西漢怪獸啄虎金牌

●交河故城挖掘出的西漢殉馬坑

甘州城的風俗

甘州（Kampion）是唐古忒省的繁華大城，是該省首府。人民拜佛，當中也有少許回教徒和基督教徒。城內有三個美麗的教堂。佛教徒有許多廟宇寺院，和無數的偶像。有些偶像是木雕，有些是泥塑，還有石刻，上頭皆塗以黃金，工藝極巧。大偶像都是睡臥狀，周圍有許多小佛。

這幅出自敦煌的壁畫，描繪了中國古代西部地區迎娶新娘的習俗，圖中男拜女不拜。據稱圖中的婚禮習俗取材於唐朝的甘州。

拜佛僧侶的生活道德規律，他們雖不把淫蕩當作極大罪惡，但是他們避免淫亂行為。依照他們的良心來看，假如有女子先向他們求歡，他們與女子同睡便不算犯罪。假如男人先勾引女子，就算是一件罪惡。若查出男子有強姦婦女的行為，便會把這人處死。

他們在一年四季不同時期祭祀他們的偶像，正如我們對待我們的聖徒一樣。他們有種紀錄佛陀祭日的曆書，使用的陰曆像我們使用的太陽曆一樣。每個月有五天齋戒期，這期間不殺生，不食肉。齋戒期的修行比平時嚴格，並且更加遵守戒律。其中有一派的教徒終年不吃肉。平常人除了祭期，不必禁戒。

男子可以娶妻三十名，數量多寡依其財產而定。丈夫會將自己的牲口、奴隸、銀錢等分給妻妾。第一位妻子的地位較為尊貴。妻子中若有人不賢慧，或不得丈夫喜歡，丈夫可以把她趕出去，或任由他處置。他們可以娶堂姊妹或父親的妾為妻，唯獨不能娶親生母親。有許多被我們當作罪大惡極之事，他們卻不以為罪。

尼可羅、馬飛阿、馬可三位因事留置甘州城一整年，這些事情不需要在此贅述。

● 張掖都尉啟信

甘州在漢以前就是信息暢通的地方，因此它的宗教信仰和民間習俗很容易藉由絲路外傳。元朝時，甘州的獨特文化氛圍已受東西方矚目，難怪馬可波羅在甘州停留一年，感慨良多。這封先秦時的張掖都尉啟信，表現出甘州在先秦時的重要地位。

依齊納城

離開甘州城後騎馬向北走十二天，到達依齊納（Ezina，額濟納）城。此城位於沙漠邊緣，屬唐古忒省。人民拜佛，有許多駱駝牛畜，還有藍納鷹和撒克鷹。人民靠土產農作物和牧牛為生，不從商。

我們在這城裏收購了四十天的食糧。離開依齊納後騎馬朝北走四十天，穿越一個無人沙漠，沿途無旅舍，只有在夏天時，山谷和山頂上才有人居住。當地有許多野獸，野驢更多，還有許多水和魚。

● 額濟納古大同城遺址

騎馬朝北走過四十天後到達某省。至於是哪個省份，我即將會告訴你們。

哈喇和林城及韃靼的起源

哈喇和林城（Karakoram）方圓三英里，市街皆由木頭泥土建造，周圍以土牆環繞，因為石頭在當地很稀有。城附近有座巨大炮臺，裏面有座華麗的宮殿，是守城長官的住所。這座城是韃靼人最早的都城。

現在要描述韃靼人的情況，他們如何立君，以及如何擴散至全世界的情形。

起初韃靼人住在北方，與女真和巴兒虎兩部落相鄰。那兒有幾處無人居住的大平原，也沒有城市集鎮，但是有良好的草地和河川，水源甚多。他們沒有君主，每年向王罕進貢。王罕是一位強主，用法國話來講，應稱他為長老約翰。長老約翰極有威權，韃靼人每年從每十頭牲畜中抽出一頭，送給他做貢賦。韃靼人繁衍極快，長老約翰擔心他們日後為患，決定把他們分散至各處，並派遣大臣到韃靼人的地方執行管理。每遇有臣下叛變，長老約翰便在每一百名韃靼人中抽三四名去平亂，用這方法減少他們的人口。韃靼人極為憂憤，他們一齊向北方遷徙，橫越沙漠到達很遠的地方，長老約翰無法再施加傷害。韃靼人就此叛離，不再納貢稱臣。

●韃靼戰士
1350年時，韃靼人自相殘殺導致汗國四分五裂。1380年，韃靼人在俄羅斯南部的庫里科瓦遭遇挫折。

成吉思汗成爲第一代大可汗

1187年，韃靼人推舉一位大才大能大智有威嚴的人為王，用他們的語言來稱呼，這王叫做成吉思汗。他被推舉為王的時候，散居全世界各地的韃靼人皆來到他面前，承認他做君主。

成吉思汗治理賢明，韃靼人來歸甚眾。成吉思汗見到自己有如此眾多人民，便給他們弓弩和兵器，帶領他們四處征戰，短時期內便征服了八省土地。這八省內僅有平民政府或自己的君王，彼此不相聯繫，勢單力薄的他們無法抵抗眾多的韃靼人。但韃靼人不傷害被侵略的人民，也不剝奪他們的財產，只帶領他們一同出征，用這種方法征服了許多民族。這些被征服的民族見到成吉思汗善於治國，又是個賢良之人，遂一一自願歸服。成吉思汗凝聚的群眾遍佈大地，他便想征服全世界。

到1200年時，成吉思汗派專使去見長老約翰，說明他想娶其女為妻。長老約翰聽過後大怒道：「成吉思汗

如此無禮，竟敢求娶我的女兒？他豈不曉得他是我的奴僕嗎？回去告訴他，我寧願把女兒燒死，也不賜與他為妻。回去轉達我的話，他反叛君主，就是一個不忠的奸臣，我理應處死他。」說完他叫專使即刻離開，永遠不許回來。

專使收到這些話後馬上回去，將長老約翰所言，毫不隱瞞地報告給成吉思汗。

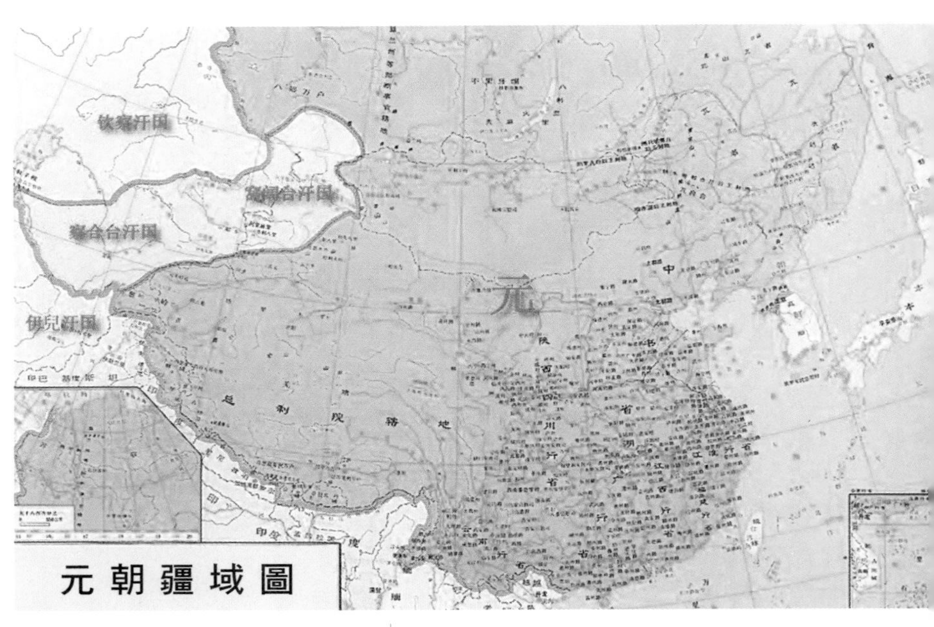

元朝是中國歷史上版圖最廣闊的朝代，此圖是元朝前期形勢圖。
元朝除本土以外還有四大汗國，即欽察汗國、窩闊台汗國、察合台汗國、伊兒汗國。四大汗國名義上聽命於元朝皇帝，實際上各自為政。

●成吉思汗像

成吉思汗攻打長老約翰

成吉思汗乃意氣軒昂之君，他聽完長老約翰之言不禁氣憤填膺。長老約翰若不為侮辱他的傲慢言語付出代價，他寧願不做君主。近期內必定要讓長老約翰見識一番，看究竟誰才是奴僕。他高聲說話，左右人聽得一清二楚。

成吉思汗召集所有人馬作軍事準備，並派人送信告知長老約翰須嚴加防守，他即將要率兵進攻。

長老約翰確實收到成吉思汗揮軍來攻的消息，卻不把此當回事。他認為韃靼人皆非善戰的勇士，這事不損他分毫。如果對方真的來犯，他以自己權力所及，將全力捉拿成吉思汗並處以極刑。於是他召集各省全境所有人馬，人數之多乃前所未聞。

那時成吉思汗率領他的人馬到了天德軍（今蒙古呼和浩特市東）。天德軍平原景色優美，屬長老約翰管轄。

●成吉思汗準備出擊長老約翰

長老約翰是西歐基督教東傳後一位極有權威的景教長老，馬可波羅根據其他東來的傳教士所言，把他當作蒙古克烈部的部長王罕。按馬可波羅的說法，治理天德軍的首長喬治是長老約翰的第六代君主。

此圖由波斯人所繪，表現了成吉思汗的戰爭場面，
選自波斯官吏拉施都丁的手稿。

●成吉思汗的旗幟和帳篷

成吉思汗在平原上建立營壘，長老約翰也隨後趕至，成吉思汗大為歡喜，因為那裏是個大平原，非常適合作戰。

長老約翰也率領所有軍隊來到天德軍大平原，在距離成吉思汗營壘約十英里的地方駐紮。兩隊人馬皆事休息，為戰鬥養足士氣。

一天成吉思汗召來許多星占學家，吩咐他們預測這回戰事的勝負。星占學家取來一根青棍子，將之劈成兩半，分別放置在兩處，不許人拿取。他們把其中一半命為成吉思汗，另一半叫做長老約翰，然後對成吉思汗說：「陛下請細看這兩根棍子，一根是您的名字，另一根是長老約翰的名字。我們念咒之

●成吉思汗受劍傷而死

後，哪根棍子在上方，哪方就會勝利。」成吉思汗亟於一探究竟，吩咐星占學家快點開始占卜。於是星占學家拿出占卜書，誦完一段咒語後開始施展法術。眾目睽睽之中，寫有成吉思汗名字的棍子在無人播弄之下，竟自動去接合長老約翰的棍子，置放在它上方，成吉思汗見了欣喜萬分。

● 蒙古國為紀念成吉思汗誕辰八百三十周年發行的郵票

蒙古人民共和國成立前，使用的郵票大部分是中國清代郵票和中華民國早期郵票。從1924年起，蒙古正式發行自己的郵票。

雙方在兩天後鏖戰，乃世上所見過的最大戰事，雙方皆死傷慘重，最後由成吉思汗得勝，長老約翰戰死。成吉思汗繼續征討，直到征服全土。這場戰役之後，成吉思汗統治疆域六年，攻下無數砲壘省區。直到第六年末，他領軍攻打合州要塞，腿膝受箭傷而亡。他智勇雙全，世人皆為他惋惜。

● 成吉思汗陵

成吉思汗陵主體由三座蒙古包式的大殿和相連的廊房組成，猶如展翅欲飛的雄鷹，極富濃厚的民族色彩，並體現成吉思汗的權力和尊嚴。

以上是韃靼人第一代君王成吉思汗的故事，以及成吉思汗在建國初期戰勝長老約翰的情形。現在要告訴你們韃靼人的習慣與風俗。

成吉思汗之後的歷代大可汗

成吉思汗之後繼位的是貴由汗；第三代是拔都汗；第四代是旭烈兀汗；第五代是蒙哥汗；第六代是忽必烈汗。（此段記錄顯然與史實有所出入。成吉思汗之後四位大汗的繼位順序為窩闊臺、貴由、蒙哥、忽必烈。拔都則是西韃靼，也就是欽察汗國的君主。）忽必烈汗即現任國君，他的權威大於前述各君主，合五位大汗之權，仍無法與忽必烈抗衡。縱使聯合全世界皇帝國王的力量，也不及忽必烈大可汗管轄的疆域。我會在本書中證明給你們看。

所有成吉思汗的後裔皆葬在阿爾泰山（Altai），韃靼君王不論死在何地，凡是離大山一百天路程內，皆須運去安葬。大可汗遺體歸葬時，護送遺體者會殺盡路上所見的人民。他們說：「去陰間服侍你的君主。」他們相信所有被殺之人必定在陰間侍候他們的君主，對馬匹也照做。君主死時，便殺盡君主所乘之馬，讓君主在陰間仍可以騎乘。蒙哥大汗死時，遺體歸葬期間有兩萬多人被殺。

●蒙古四大汗國

四大汗國的是蒙古西征獲取的版圖，也使蒙古汗國遭遇瓦解。

韃靼人冬天住在平原的暖和地帶，那裏有畜牧牲口的草地。夏天則住在涼爽的山上或山谷中，那裡有水草山林，沒有蒼蠅與瘟疫侵害。他們花兩三個月的時間由山下移往山上放牧，因為牲口眾多，無法在定點放牧。

他們有圓形的木頭房屋，上面蓋以毛氈。房子可以放在四輪車上，隨意帶到任何地方，座車的木板捆紮堅實。每次駐紮下來，房門皆朝南。他們有種兩輪車極為美觀，用黑氈緊密蓋起，即使下雨也滴水不漏。他們以牛或駱駝拉車，車上載著妻小與財產。婦女負責打理丈夫的一切，譬如買賣和家務。男子負責獵鹿、鬥鷹、捕鷹和馴鹿。他們以肉食為主，來源多為野味，也吃田鼠，並飲用牛奶。

韃靼人的神與教規

●創世之神

韃靼人的教規如下：他們有一個天神，每天需要向祂燒香祈求智慧和健康。還有一個納蒂蓋神（Natigay）為地神，保佑他們的孩子、牲口和收穫。韃靼人非常崇拜他，每家每戶都用氈或布做成他的神像，放置在房內。並且替地神造出妻兒的像，妻子的像放在他左手邊，孩子的像放在他的面前。韃靼人對這些神像極為恭敬，吃飯時每每先取些許油脂抹在神的嘴上，也抹在神妻與神子的嘴上，再取少許肉湯灑在門外，讓別的神鬼享用。他們認為神和其眷屬可用此方式進食。

●豐收女神

他們喝牝馬的奶，製造方式很特別，使它看起來像白酒，味道極佳，他們稱之為開密斯（Kemurs）。

韃靼人的衣著習慣如下：有錢的人穿金和絲製的布，也用貂、鼬、栗鼠、狐狸等上等毛皮，裝飾極昂貴，裝具更是高貴美觀。

他們的武器有弓弩、刀劍、戟矛。比較適用弓弩，人人都是弓箭好手。身上穿的甲冑由水牛皮或熟皮做成，堅固耐用。

●傳說中的雨神恰克

韃靼人勇於征戰，比任何異族人更能吃苦耐勞。不論停駐何地，或行軍走馬，他們能夠整個月不攜糧食，只飲馬乳和捉捕的野味。馬放牧於原野，不需要攜帶大麥或草。韃靼人極為服從領袖，必要時能整夜穿戴甲冑坐在馬上待命，馬吃草時還能睡在馬背上。他們是世上最刻苦耐勞的軍隊，卻也是耗費最少、征服世界的最佳軍旅。

軍隊遠征時，不論在平原或山區，會先派兩百人作先遣部隊，後方及兩翼也有同樣數目的隊伍。這麼做是為了預防大軍被襲擊。韃靼人長途遠征時不攜帶睡具床鋪。他們大半依靠馬奶生活，每人帶領雌雄馬十八匹，只要馬一疲倦，立即換騎。他們隨身帶著皮袋，袋裏裝乳奶，還帶有煮肉吃的陶器罐。假如連陶器罐都沒有，他們就破開牲畜的胃，挖空來盛水，把肉切成小塊放在裏面，然後放在火上煨熟，連肉帶盛器一併吃下。他們會帶一座用來避雨的小帳篷，急行時能騎在馬上十天不吃不生火，只飲馬血。他們切破馬血管，吸吮牠的血。他們還有像漿糊一樣的乾乳，先把乾乳煮開，再把浮出的油脂瀝除，放入另外一個盤子裏預備做成牛油。若不除去浮在表層上的油脂，乳奶不能曬乾。除去油脂之後，他們把乳奶放在地上讓太陽曬乾後收起。出外打仗時，每人約帶乾乳十磅，需要時早晨取出半磅，放在小皮袋裏。皮袋形狀像皮製的酒罈，用水多少隨意。騎馬行走時皮袋搖晃，奶和水溶解在一起，便於飲用。

韃靼人打仗時不以臨陣逃跑為恥。他們四處襲擊敵人，把馬訓練得極為精巧，疾馳迅捷如犬。即使破敗逃走仍舊奮勇作戰，撤退中會突然回馬，用強弩放出箭雨，使敵方損傷慘重。假如敵方見韃靼人逃走而以為己方獲勝，便是上當。韃靼人趁勢回擊猛攻，一舉殲滅敵人，以這種方法打了許多勝仗。

以上所述皆是真正韃靼人的行為風俗。但他們現今已大為墮落。

●韃靼人的活動帳篷

巴爾竹平原

離開哈喇和林和阿爾泰山後騎馬北行，會經過巴爾竹平原（Bargu），路程不下四十天。居民為蔑裏乞人（Mekriti），是個野蠻部族，以打獵為生。當地多鹿，居民出門騎鹿，以鳥肉為主食。平原上多湖泊沼澤，北面臨大海，各種飛禽極多。夏季時禽鳥脫換羽毛，皆聚集在水邊。當牠們羽毛脫盡不能飛時，人們可隨意擒之。居民也食魚，不飲酒。他們的習慣風俗和韃靼人一樣，並且臣服於大可汗。夏天有走獸飛禽各式野味，但冬季氣候酷寒，禽獸不居。

● **西海郡虎符石匱**

西海郡故城位於青海海晏縣城西北，城牆殘高四米，隱約可見有四道譙門。後因風雨侵蝕，東南城角坍塌，呈三角形狀，故又稱「三角城」。城內採集到王莽和西漢時期的五銖錢、貨幣、貨泉、大泉五十等錢幣等珍貴文化。虎符石匱是由石虎、石匱兩部分組成，石虎是用整塊花崗岩雕鑿而成，石匱正面鑿有「西海郡虎符石匱始建於元年十月癸卯工河南郭戎造」三行二十二個篆字銘文。

四十天後抵達大洋。那裏的山上有隼作巢。當地無鳥獸，除了一種隼所吃的巴格臘克鳥（bargelak）。其體大如鷓鴣，腳似鸚鵡，尾像燕子，飛行極快。大可汗要隼時，便派人去那裏捕捉。

那兒位置極北，仰看北極星已在南方。海上群島出產大鷹，數量甚多，大可汗取用不盡。切勿以為基督教諸國所產的大鷹是獻給大可汗的，那些鷹其實要帶到近東，贈送給阿魯渾王和近東的君主。

現在已經清楚說明北方各省至大洋邊等地諸事。接下來要介紹前往大可汗朝廷沿路各省之事，我們要先回到前面敘述過的甘州。

● **王莽時期的錢範**

● **王莽時期的錢範細部**

西涼國和西寧州

●西夏女供養人像

●西夏男供養人像

●西夏陵殘碑上的文字

由於西夏文失傳，西夏史一直為後代學者所關注。西夏陵的陵區建築藝術、文字和實物資料所存稀少。

離開甘州騎行五天，有個路段常聽到鬼聲，夜間尤盛。五天後抵達西涼國，該國臣屬大可汗，是唐古忒大省的一部分。唐古忒省內有幾個國家，一部分人民是聶思托留派的基督徒，另一部分是佛教徒，還有回教徒。西涼國內城市多，最重要的城是西涼州。從此城朝東南前進，可以到達契丹國。

在東南往契丹方向有個西寧州，西寧州內有許多城市和集鎮，也屬於唐古忒省，臣服大可汗。人民拜佛，也有少許回教徒和基督教徒。那裏有許多野牛，體大如象，形態甚美，除背脊部份外，全身之毛或黑或白，有三虎口長，毛細如絲。馬可先生曾帶一些回威尼斯，見到皆稱奇，無不讚其好看。他們畜養的野牛數目極多，主要用來負載重物，一頭野牛的用途能抵上兩頭普通牛。

這裏出產世界上最好的麝香，其生產方式如下：當地有種小獸，大小同羚羊，皮厚如鹿，蹄似羚羊，卻沒有角，尾亦似羚羊，有四個細齒，二上二下，皆有三手指長，下牙向上長，上牙向下長，體態甚美。月圓時，

此獸肚邊皮肉間會長出血的膿瘍，獵人逮到這獸，用刀將膿瘍連皮割下，取出後放在地上曬乾，血乾後就是一種強烈麝香。獸肉味美，此地數量甚多，所產的麝香品質絕非虛言。馬可波羅先生帶了一對這獸的頭腳回威尼斯。

居民靠貿易和手工藝為生。這省長度有二十五天路程。當地的雉比我國所產的大兩倍，幾乎有孔雀那般大。牠們有尾，最長有十虎口，還有的尾長八或九虎口，最短也有七虎口長。當地還有許多種類的鳥羽毛，顏色華豔，極為好看。

人民身體肥壯，短鼻粗髮，沒有鬍鬚，只在下頦上有幾根亂毛，婦女除頭髮外遍身無毛。他們的膚色姣白，四肢優美，喜歡享受肉慾。一男可娶多妻，他們的教規和風俗並不禁止，端看其財力能養活多少妻妾。假如有個女人生得極美，而她的家庭背景貧窮，達官顯要因其美貌願意娶她為妻妾，可先和她的雙親商議大筆嫁妝，達成協議後即可娶回家。

● 西夏陵殘碑

西夏陵又稱西夏王陵、西夏帝陵，是中國現存最密集的帝王墓區，被世人譽為「東方的金字塔」。西夏陵區內有以「太祖裕陵」為首的九座帝王陵園和一百四十餘座王公大臣的陪葬墓，分布於各帝陵周圍，形成獨特的西夏王朝墓葬風格。

● 西夏官印

西夏（1032－1227）是以黨項羌為主體的帝國。西元六世紀南北朝時期，居今青海東南的黨項人強盛起來，唐末因剿黃巢有功，首領受唐賜李姓。1038年，李元昊脫離宋建立大夏，史稱西夏。西夏自元昊始，共傳十帝，歷時一百九十年。

● 西夏時期的瓷器

● 西寧瞿縣寺壁畫

成吉思汗由中亞細亞回師，親率大軍經臨洮進占西寧州，並在河州（今臨夏縣）設置「吐蕃宣慰司都元帥府」管理甘肅、川北、青海一帶吐蕃等族廣大區域，湟水流域各縣均受制於西寧州。在這一時期，青海游牧部落獲得安定生息。在成吉思汗的支持下，藏傳佛教在青海逐漸盛行起來，並建立了許多寺院。

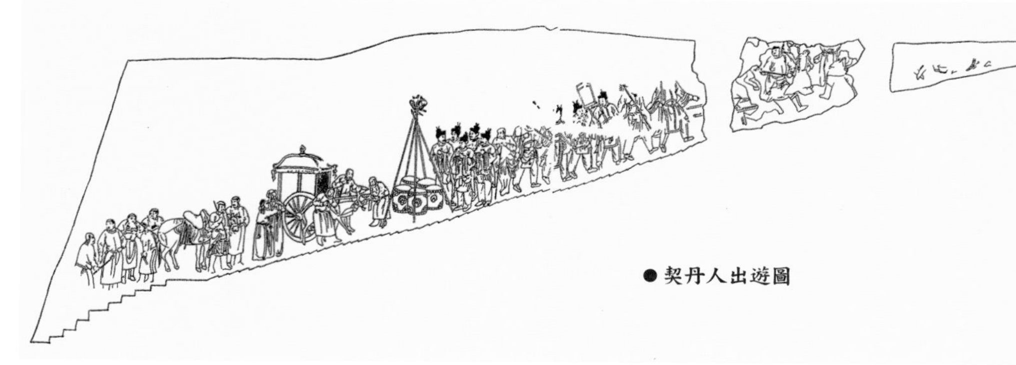

● 契丹人出遊圖

寧夏人的生活方式

離開西涼騎馬朝東走八天到寧夏省，那裏有許多城市和集鎮，也在唐古忒省境內，最大的城市叫哈拉善（Kalacha）。人民拜佛，但聶思托留派基督教徒在當地有三個教堂，他們臣屬韃靼的大可汗。這城用駱駝毛製造駝毛布，為世界最佳。白駝毛布近似白羊毛所製，極為精細好看，產量甚多，由商人販運到世界各地，尤其以賣到契丹國最多。

現在要離開寧夏省，到東方名叫天德軍的省分，進入長老約翰的屬地。

天德軍大省及契丹

天德軍省位於東方，省內有許多城市和集鎮。因為長老約翰的子孫皆臣服大可汗，故該省隸屬大可汗。省內大城名叫天德軍，由長老約翰的後裔治理，名叫喬治（George）。

● 契丹地理圖

馬可波羅所稱的天德軍，據查肇自唐代，本為豐州的一個軍區。元代天德軍的名稱改為豐州，馬可仍稱其舊名，證明他是在當地聽人所述。天德軍領域甚廣，包括今內蒙古陰山南北一帶，其州治在當今的白塔鎮。從天德軍向東即是契丹。

該圖採用中國古代地圖傳統的形象繪法，於1344年雕版墨印而成。圖中主要表現了契丹疆域、山川大勢、京府州鎮、長城關塞，以及鄰國部族等。

他代大可汗治理該地，管轄之地只有長老約翰舊領土的一部分，但歷代君主常娶大可汗的公主或皇族之女為妻。長老約翰是個基督教長老，所以當地人民也多半信仰基督教。

天德軍省產的石頭可以做淺藍色顏料，產量多且質量佳。還有各種顏色的駝毛布，品質良好。人民靠畜牧和土產農作物為生，也略為從事工商業。

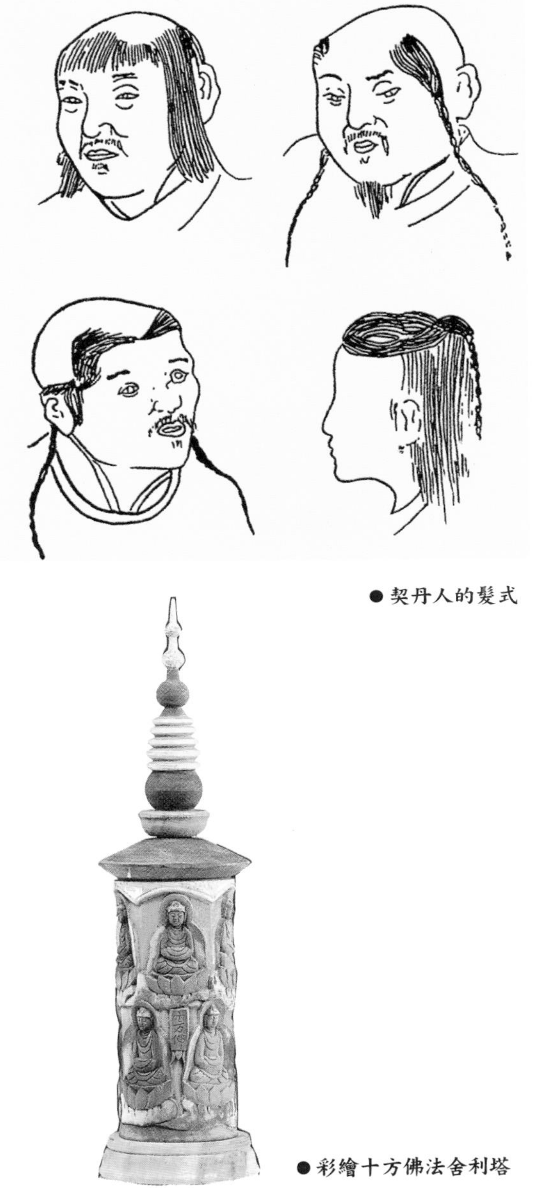

●契丹人的髮式

●彩繪十方佛法舍利塔

天德軍省的君主是基督教徒，但當地也有許多佛教徒和回教徒。還有一支種族名叫也裏可溫（Argon），用我們的話說就是「野生兒」的意思，他們是天德軍的佛教徒和回教徒的混血，比這省其他民族貌美聰明，也是優秀的商人。

長老約翰統治韃靼人時，這省是他的主要根據地，他的子孫如今還住在這裏。方才提及的喬治王就是長老約翰的子孫，也是第六代君主。還有，天德軍省就是我們所稱的葛格（Gog）和馬葛格（Magog），但是他們自稱是汪古（Ung）和蒙古。每省都有異族混居，汪古部裏住的是葛格人，蒙古部裏住的是韃靼人。

離開天德軍省後我們騎馬七天，朝東向契丹的方向前進，沿途見到許多城市和集鎮，居民皆是回教或佛教徒，也有少許聶思托留派的基督教徒，以貿易和手工藝為業，生產納石失（nascici）金錦，以及各種絲織品。正如我國有許多羊毛織品，他們則有許多金絲織品。

他們臣屬大可汗，有城宣德州，人民擅長製造兵器。該省山中有個地方叫用定府（Idifa），那裏有座巨大的銀礦，產量甚佳。當地還有各種飛禽走獸。

●契丹人像

張家諾城

騎馬三天後到達張家諾城。用我們的話來說，就是「白湖」的意思。那裏有所大可汗的大宮殿，宮內有許多湖沼河川，水上有天鵝鴻雁。再加上當地有美麗的平原，盛產鶴、雉、鷓鴣和多種鳥類，獵鳥方便，所以大可汗喜歡住在這裏，並以狩獵為樂。

●白瓷迦葉像

此地有五種鶴，第一種身黑如鴉，體型高大。第二種全白，羽翼極美，圓眼似孔雀的亮金色，頭為紅黑，頸色黑白，數量最多。第三種與我國所產相同。第四種較小，兩耳旁有漂亮的紅色和黑色長羽毛。第五種全身灰色，黑紅色的頭形優美，身形極大。

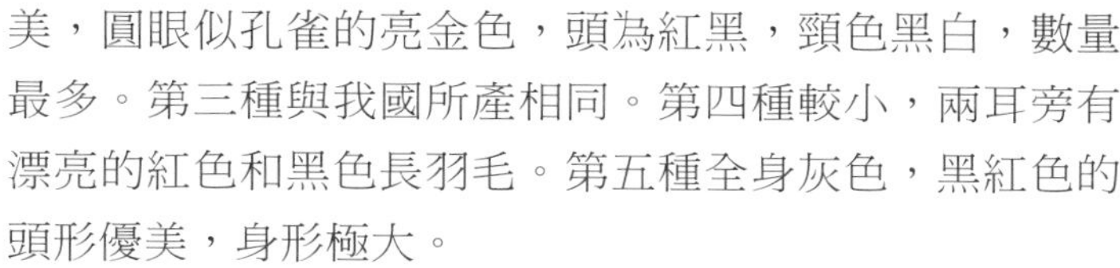

城外有一座山谷，大可汗在谷裏養了許多鵪鶉，我們稱之為大鷓鴣。夏天時，大可汗命人在山坡上種植稷、稗以及鳥類愛吃之果實種籽，並下令不准割除，使鳥類不致飢餓。冬天時，他派人拿稷子放在地上餵食。這些鳥已慣於餵養，稷子擲出和飼者呼喚時，不論在何處都應聲即到。大可汗又叫人建造許多小房子，讓鳥類在夜間憩息，並由許多人看護。等到大可汗來此地時，這種鳥要多少有多少，到冬天時這些鳥都餵肥了，大可汗便派人用駱駝載運牠們到他的冬季行宮去。

離開此地後，繼續向東北北方向行走三天。

●遼墓壁畫：備茶圖

上都和大可汗的奇妙皇宮

告別張家諾再走三天，終於抵達上都。這城是當今大可汗忽必烈汗所建，它是一座巨型大理石皇宮，所有殿室鑲以黃金，飾以飛禽走獸，並繪上各類花木，工藝瑰麗精巧。皇宮每面皆有城牆，城牆全長約十六英里。牆內有許多泉水、溪流、草地，唯有經過宮殿才能進入花園。園內馴養了各種野獸和鹿，用來餵食鷹隼。鷹隼養在籠內，單是大鷹就有兩百多隻。大可汗每個禮拜都會親自來探視籠內的鷹，也時常繞著圍牆騎馬，馬後總有一只豹尾隨。大可汗高興時會放豹去追捕鹿，用來餵食籠內的鷹。

●慶州白塔

巴林草原是契丹族發祥地，至今仍保留眾多文物古蹟。位於巴林右旗境內的遼慶州、懷州古城埋藏著一個王朝的故事。慶州白塔就像歷史的守望者，向人們訴說著從前。

花園中心有片幽雅樹林，那裏也有座竹建宮殿，是為園中亭榭。殿中有許多華麗漆金柱，每根柱頂有條大龍，龍尾盤旋柱上，龍頭支撐殿頂，兩足鱗爪向左右柱頂盤伸出。殿內鑲金，並飾以精巧的走獸飛禽繪畫。殿頂也用竹蓋，紮捆結實，無論多大風雨也不會損壞。搭建用的竹子皆寬過三掌，長十至十五步不等，每節劈段，每段竹子可做兩片瓦，做出來的瓦厚而大，然後用兩百多條絲繩將各段捆緊，使它不致散開。竹子非常適合建造房子，而且不論何時都搬運便利。

● 元上都遺址上的石像

馬可波羅經四年跋涉到達上都，對上都的記述和讚美與史實基本相符，但是日期不完全準確。上都從元世紀開始為歷代元朝皇帝避暑和議政之地，忽必烈每年農曆二月到上都，八月離開，典籍中有完整記載。

● 牽馬的契丹人

大可汗每年六月至八月住在這宮殿裡三個月，住在那裏有兩個原因：一是因為氣候涼爽；二是因為那裏適宜悠閒玩樂。每年大可汗在陰曆八月二十八日會離開上都，理由請聽我道來：大可汗有批純白如雪的牡馬和牝馬，數目非常多，單牝馬就有一萬多匹。除了皇族之外，無人准許飲用牝馬奶，唯有賀里拉部族立過戰功，得到成吉思汗特准。他們對白牝馬非常崇敬，馬在路上行走時，不論地位多崇高的貴族都得讓路。星占家和佛教僧侶告訴大可汗，他必須在每年陰曆八月二十八日那天，在地上灑些許馬奶給鬼神享用。佛教僧侶說，鬼神喝到這奶，方可保佑大可汗及其所有物，包括男女百姓、走獸飛禽、大地五穀等。為了這祭祀，他必須離開

刘晃丑玄穴来乐
工役犀眷充工未南
受寺来早東东去
全眷道之名来玫
万南务太王马乃金
京眷陵常光来去
孔早狀寺全与辛矢

上都。

當大可汗住在上都宮殿時，若有降雨或烏雲等壞天氣，深諳巫術的星占家會將壞天氣驅離宮殿上空，使天氣變晴朗。巫師來自吐蕃（Tebeth）和喀什米爾，都屬於佛教部族。這兩族人通曉的法術為各民族之冠，所為皆是魔術技倆，卻要他人相信這是上天賜給的神功。他們到處周遊，身體骯髒汙穢，從不清洗梳髮，很難得人尊敬。他們有種奇怪習俗，凡死刑犯被官吏處決，那些術士會收取死者屍身煮熟來吃，卻不吃自然死亡的屍肉。

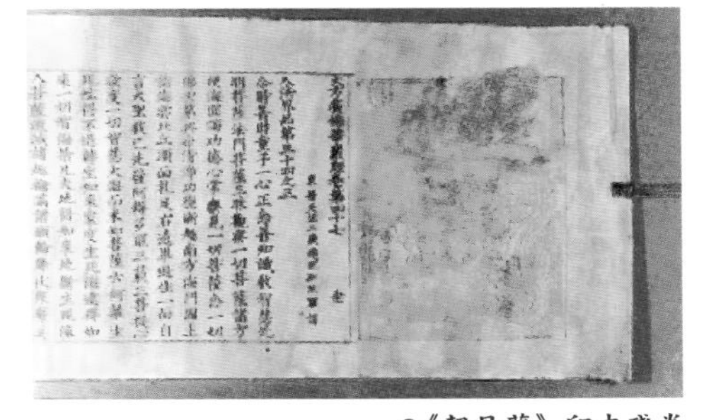

●《契丹藏》印本殘卷

● 契丹人酷愛象棋

這些巫師的法術怪奇。大可汗坐在大廳裏靠著桌邊，桌高八腕尺，距離盛酒、奶和飲料杯盞至少十步遠。杯子皆放在大廳中央，巫師可用技倆讓裝滿飲料的杯子舉起，在無人接觸的情況下自動來到大可汗面前。大可汗喝完，杯子又回到原處。他們在萬人面前施展這法術，千真萬確，毫無虛言。懂巫術的人可以證實其可能性。

● 契丹石製工具

當菩薩祭日到來，這些術士會告訴大可汗某菩薩的祭日將至，並指出菩薩的名字說：「這菩薩好行惡事，能使天氣變壞，破害財產、牲口、收穫。若能供獻一點祭品，即可免除災難，所以請求陛下賜給我們黑綿羊若干，伽羅木若干，讓我們大肆祭祀，叫菩薩保佑人口和牛羊平安，收穫豐盈。」他們將此事告訴大可汗的左右貴臣，這些人再轉奏大可汗，因而獲得祭祀所需。他們

以歌唱筵宴舉行大禮拜，焚燒上等香燭，煮熟的祭肉放在菩薩面前，然後將肉湯灑置各處。據他們說，菩薩藉此可以飽食。每個菩薩有固定祭日，像我們教中聖徒的紀念日一樣。

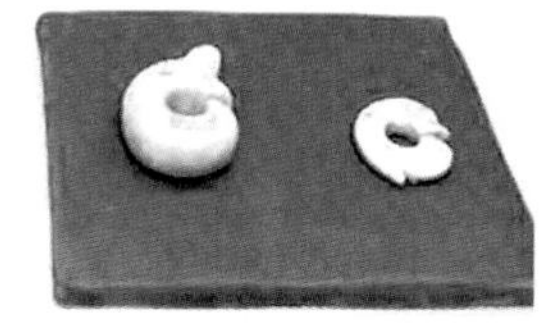

●契丹王龍飾物

他們的寺院廣大，有的規模如一座小城，僧人多達兩千多名，皆按照教規剃度，衣著比一般市民高雅。他們的祭禮之盛大，歌唱燈燭之奢靡，乃世間少見。依照教規，他們可以娶妻生子。

還有一支教派叫生新（sensim），教徒禁酒節食苦修，只吃製作小麥麵粉時剩餘的麩子。他們拿些許麩子放入熱水，吃食白麵粉脫離後的皮。他們雖然節食，但每年還另有齋戒日。他們崇拜的大偶像數目很多，有時也拜火。其他教派的和尚稱他們為分裂份子，因為他們供奉不同的偶像。他們不娶妻，頭與頷下的毛髮皆剃光，身穿黑或黃色的大麻布衣，就算有時穿戴絲織品，也是染成那兩種顏色。他們睡在蓆子、木頭格子上，堅守清苦的生活。

他們的寺觀和偶像都是女性，全用女人名。

●慶陵出土的仁德皇后哀冊拓片

●金帶（銙）

●契丹文大字碑殘石

●契丹人穿的巴林靴

下卷

關於大汗忽必烈的宮殿朝廷、遊獵節慶、帝國規儀。馬可波羅自大都往西南和緬甸，以及東南、蘇杭、福建、泉州的記事。

天之美祿
萬源號通商銀鋪

忽必烈汗反攻乃顏

我將在這卷中告訴你們現任大可汗的豐功偉業。他的名字叫忽必烈汗，「汗」字在我們的語言中的意思是「萬王之王」。他的確應享有此等稱號，因為世人都知道，就臣民、疆域、錢財而言，從人類的始祖亞當直到現今，大可汗是古今以來最有勢力的人。

忽必烈為成吉思汗直系後裔，全韃靼人的正統君主。他是第六代大可汗，從1256年開始統治全韃靼。他憑著自己的豪氣、勇敢與智慧得到王位，但他的兄弟和親族都反對他，他以兵力得到一切。從他開始執政起，一直到現在1298年，已過了四十二年，他至少已有八十五歲。在他成為君王之前曾參加過多起戰爭，他是位勇敢的戰士和優秀的領袖。在他當上君主後只出征過一

●馬可波羅參加忽必烈朝廷舉行的新年慶典

次，那是在1286年。

有位親王名叫乃顏，是忽必烈汗的叔父，年輕時曾統治許多地方，有四十萬騎兵的號召力。他的祖先曾是大可汗的陪臣，所以他也是大可汗的臣屬。他自恃權重，宣佈不再為臣，打算奪取大可汗的王位。乃顏先派使者去見海都，後者也是一位有權勢的君主。他是大可汗的侄子，領土涵蓋整個土耳其地區，但他十分痛恨大可汗。乃顏要起兵反抗大可汗，希望海都從側邊夾攻，以奪取大可汗的君位與領土。海都給他肯定的回覆，並且備齊人馬，預備出征。

● 大汗理朝

馬可波羅對忽必烈的描寫非常詳細，比如他指出忽必烈的生日是陽曆九月，即中國陰曆的八月二十八日，與《元史・世祖紀一》的記載完全一致，是巧合還是他自己聽聞？應當是後者。圖為忽必烈在處理朝政。

大可汗聞訊後一點都不驚訝，仍如往常一般沉靜地籌備兵馬。他宣誓說，如果不能得勝並誅死兩名叛臣，他將放棄王位。於是他迅速在通往乃顏與海都的關口上安置防衛隊，使他們無法探知他的軍事計畫。同時緊急召集住在距汗八里（Kanbalu，突厥語「汗城」之意，元朝的大都，即今日的北京）十天路程內的居民，共招募了三十六萬騎兵和十萬步兵，其中包括他的放鷹人和左右侍衛，全部人馬在二十天內校閱完畢。假若要召回長久駐防契丹省的軍隊需要三四十天的工夫，準備動作會被敵方察覺。大可汗希望以快襲取下乃顏，或趁勢力尚未結合時進攻。

在契丹和蠻子省境內，以及某些地區有許多叛民，所以在大城市和人口眾多之省都派有駐兵。這些軍隊駐紮在城郊的鄉村，有的鄉村既無城門也無城牆，無法阻止兵士進入。大可汗每兩年更換這些軍隊和統領的軍官，除去朝廷發的薪餉外，這些軍隊依靠畜養的牲口為

生，並且進城販賣牛奶，在城裏換購所需物品。各隊伍分居在相距三十、四十，或六十天行程的地方，倘若大可汗要聚集其中一半的力量，數量將會相當驚人。

大可汗出發前命令星占家預卜他是否能克敵致勝，是否比敵人佔有優勢，星占家說大可汗定能擊敗敵人。於是大可汗率領人馬出兵，二十天後到達一個大平原，乃顏和他的四十萬騎兵已駐紮在此。大可汗先派人把守所有路口，來往之人盡被俘虜，使敵人無法獲知外地消息，也不知道大可汗軍隊已至。

一日黎明，大可汗的軍隊出現在乃顏紮營地的附近山丘上。乃顏自恃此地安寧沒有設防，軍營前後也沒有哨卒。忽必烈和軍隊抵達時，乃顏正在帳中與妻子共寢，因為他深愛他的妻子。

●蒙古國郵票上的窩闊臺汗

大可汗端坐在四隻象背負的木樓中，四象都蓋以極厚的熟牛皮，牛皮上鋪有金絲織布，左右圍以弓弩手，樓上插滿日月形象的旌旗，四方可見。他將軍隊分成三十隊，每隊有一萬人，全都帶著弓箭。大可汗將自己的兵力劃為三組，兩翼展開極長，用以包圍乃顏軍。每支隊伍前有五百名帶弓和短矛的步兵，當騎兵衝鋒陷陣時，步兵就跳上馬臀，坐在騎兵背後一同前進。當馬停下時，步兵便跳下馬來，用矛戮殺敵人的馬。

●大可汗的軍隊出征

馬可的遊記對大可汗親征其叔乃顏一事記載特別生動。學者認為這可能與筆錄者的加工有關，但其內容與元史相符。

乃顏和他的侍從發現營寨已被大可汗軍隊包圍時大感驚訝，遂火速整軍備戰。當雙方佈陣時，各種樂器大作，特別是悅耳響亮的二弦樂器，因其聲悅耳響亮，還搭配許多喇叭和歌聲。這是韃靼人的征伐習俗，在領袖鳴鼓前不得開戰，所以大彈樂器吟歌，等到權鼓發聲，戰事才正式開始。

兩軍預備充足後，大可汗開始擊鼓，先傳右翼，後傳左翼，血戰遂然展開。雙方用弓箭、長矛、槌矛和長槍（後者較少見）廝殺，步兵則攜有強弩和多樣兵器。這場戰爭極其兇猛殘暴，戰場上飛箭如雨，滿地陣亡的騎士和馬，悲啼與咆哮聲斥耳，宛如天上雷鳴。

乃顏是個受洗的基督教徒，他的旗幟畫有基督的十

●平定叛亂戰圖

●戰場上需要鼓手舞振士氣　●大可汗征伐途中休息的帳篷

字架。乃顏的兵士非常盡忠，因為其主待人寬厚，所以寧死不逃。最後大可汗得勝，乃顏和他的戰士見大勢已去，便開始設法遁逃，直到乃顏被捕，他的官兵與臣民才紛紛拋棄武器投降。

●士兵向大可汗傳送消息

大可汗命人立即處死乃顏。因為皇帝宗系之血不得灑在地上叫太陽和空氣看見，所以乃顏被捆裹在地毯內，在地上遭拖曳亂打而死。

乃顏的臣民皆宣誓效忠大可汗，他們分屬四省，分別是女真、高麗、巴斯庫（Barskol）和西廷基（Sitingui）。

大可汗保護基督徒的十字架

大可汗打完勝仗後，有回教徒、佛教徒和猶太人，還有許多不信上帝的人，都出來嘲笑乃顏旗幟上的十字架。他們對在場的基督徒說：「你們上帝的十字架是如何保佑基督教徒乃顏？」此語嘩然，連大可汗也聽到了，他痛責那些譏笑十字架的人，然後召集在場的基督徒，並安慰說：「假如你們上帝的十字架沒有保佑乃顏，必定有個解釋的理由。十字架是善物，它能助人做正直之事。乃顏是位逆臣，他反叛君主，得到的報應很公平。你們上帝的十字架並沒有助他叛逆，乃正直公平之事。」基督教徒回答大可汗說：「權威的君主所言甚是。十字架決不行惡，也不助人圖謀叛逆，乃顏之徒對君主不忠，該得到他所應有的報應。」

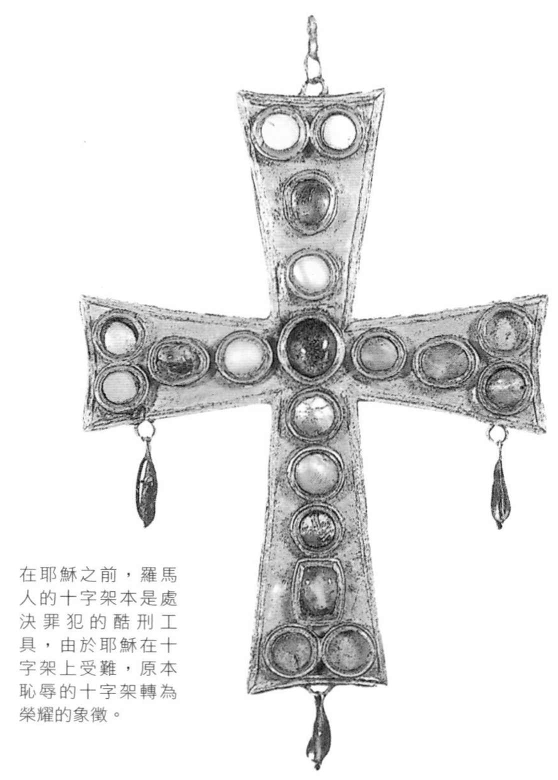

在耶穌之前，羅馬人的十字架本是處決罪犯的酷刑工具，由於耶穌在十字架上受難，原本恥辱的十字架轉為榮耀的象徵。

大可汗打敗乃顏後，回到京城汗八里接受臣民朝賀，到處都是歡慶聲。至於另一位貴爵海都，聽到乃顏敗死的消息十分沮喪，不敢再興兵叛亂。

大可汗回到汗八里時正值十一月，等到次年二三月基督教復活節來臨時，大汗傳喚所有基督徒前來，要他們帶來四福音書。他以隆重的禮節焚香受書，熱烈地親吻福音書，同時命令所有達官顯貴照做。在所有基督教的重要節期，如耶誕節和復活節，都循例行之，對於回教、猶太教和佛教的節慶也以同禮對待。有人問他為何，他回答說：「這四位聖人為全世界人崇敬。基督徒說他們的上帝是耶穌基督，回教徒說是阿拉，猶太人說是摩西，佛教徒說是釋迦牟尼。釋迦牟尼是第一個被人當成偶像崇拜的神。我崇拜敬愛這四位聖人，也尊敬天上真正最有權威的神，並祈禱他來保佑我。」

十字架的基本造型萬變不離其宗，但上面雕刻的圖案卻各有不同。這是愛爾蘭修道院的十字架。

以他的言行來看，我們可以斷定大可汗認為基督教最真直善良。他曾說基督教充滿仁慈和神聖，他不讓基督徒忍痛背負十字架，因為偉大的耶穌基督在十字架上受害。有些人會問：「既然他覺得基督教如此高尚，為何不皈依為基督教徒？」這原因如下：當大可汗派遣尼可羅和馬飛阿兩位先生作教廷大使時，曾和他們討論基督教。當時他說：「你們如何能使我成為基督教徒呢？這裏的基督徒呆笨愚蠢，庸碌無成，而佛教徒是何等能幹，為所欲為。當我坐在桌旁，擺在屋中央的杯子

基督教的聖像畫在六世紀前不曾出現十字架上的基督形象。對被判為異教徒的景教教徒而言，十字架不是基督受難十字架，而是基督最後勝利的十字架。

●耶穌受難圖

作為肉身的耶穌，假如沒有宣道人要愛上帝和愛鄰人的教義，就不會因為人類的罪而死在十字架上，也就沒有在死後復活，成為人信仰的基督。

盛滿酒和飲料，我不需勞動任何人就可以喝到。他們能驅走壞天氣，做出許多奇奇怪怪的事，他們的菩薩將其所求盡數告之。假若我信仰基督教成為基督徒，不信此教的臣民會問我：『什麼原因使你受洗信仰基督呢？你看見什麼權力和奇蹟？』這些拜佛人能施行法術，乃菩薩聖靈和威權所使。我不知道如何回答他們，他們必定會大大咒罵。這些拜佛者擅於使用機巧智慧，也很容易能置我於死地。你們前去謁見教皇時，以我的名義請求他派遣一百位深悟教律之人到我這裏，讓他們當面駁斥拜佛者，證明他們行使的是魔鬼邪道，藉以約束拜佛者，讓他們不再有能力去做這些驚奇之事。如果有看見，就要申斥他們和其教法，要他們受洗。當我受過洗禮後，會讓所有達官貴爵也接受洗禮，人民也要領受洗禮，那麼這裏基督徒人數會比你們國家的還多。」

假如教皇能派遣使者前來傳授基督教義，大可汗就要成為基督教徒了。

●**鑲板畫像**

基督徒創作的聖像鑲板畫，通常用木板製作。

大可汗犒賞有戰功的貴族

大可汗有十二位精明大臣，職責是查訪統領及兵士的工作，尤其是考察他們參加的遠征和戰爭，以備回去報告大可汗。

有戰功的人可從百戶升為千戶，千戶升為萬戶。按照他們的等次行賞，賜與銀盃、金牌、盾甲、金銀珍珠、寶石首飾，還有馬匹。百戶賞以一面銀牌，千戶賞一面金牌，萬戶賞一面獅頭金牌。百戶或千戶的牌重一百二十薩吉（saggi），獅頭金牌重兩百二十薩吉，牌上全刻以同一訓令：「上天仁慈賜福與我皇，以大可汗之名，令不從命者罪至死。」獎牌和任狀上也有標明他們的等級和職權。

● 凱旋的大可汗和他的將軍們

統領十萬人的長官或大軍的統帥，得三百薩吉重的金牌一面，也刻著上述文字，但在字下有獅子像，獅上繪以日月。委任狀上載明他們的號令和權力。持此尊榮金牌之人，每當騎馬出門必定在頂上打傘，就坐時則坐在銀椅上，表示他們的階級。大可汗並發給這些貴族鷹牌，持此牌可號令大王任何一支軍隊，若要遣人傳送消息，他可隨意使用國王的馬。「國王的馬」之意是指他能使用任何人的馬。

現在不談此事，而要重頭談大可汗的事情。之前已經說過他的宗系和年齡，現在要描述他的容貌和舉止。

大可汗的容貌和舉止

●英國畫家筆下的忽必烈

「萬王之王」忽必烈形象優雅，不高不矮的中等身材，四肢肌肉合宜，眼黑鼻正，臉色白裡透紅，像朵玫瑰花。

他有四名正室（四個妻子所生最年長的兒子是國家正統的皇位繼承人），全都稱做皇后，各人都有其別名和自己的宮殿，每宮至少有三百位美麗嫻雅的宮女和許多太監做侍僕，合計每宮起碼有一萬人。每當大可汗要與妻子共枕時，可以喚她來他的寢室，或者親自前往她的宮殿。

除此之外，大可汗還有許多妃子。有個韃靼人的部落叫弘吉剌部（Ungut），城市也同名，那裏的人民貌美潔白。約每隔兩年，大可汗會派遣專使來這裏，按照他所給的標準選取四百或五百名美女。當專使到時，全省的年輕女子都被召來，由選美官依次審查她們的頭髮、面容、眉眼嘴唇和四肢，並檢查全身是否比例合宜，然後依審查結果將她們分成十六、十七、十八、二十克拉（carat）等級。須有二十或二十一克拉的女子，才能進入大可汗的宮殿。當她們來到大可汗面前時，他另找鑒定人評估，從其中選出三十或四十名最高價的美女放在宮中。

大可汗皇宮內的糜爛生活馬可波羅前所未聞，有關大可汗生活的詳細描述會令東西方人都大吃一驚。圖為元世祖皇后弘吉剌氏。

他先將這些女子派送給官夫人，要她們和這些女子同睡，小心檢查她們是不是真的處女，身體是否健康，是否睡眠安穩，有無鼾聲，呼吸是否順暢，是否體味不

佳。經過一番細心考查後，體態優美良好健全的，便派去侍奉大可汗。

她們六人一班，服侍皇帝三天三夜，大可汗睡寢之事，都由她們負責。三天三夜期滿，換另外六名進來伺候。她們依次交換，每三天三夜輪班，如此週而復始。當有六名在皇帝寢室留侍時，其餘全數住在隔壁。假若大可汗需要飲食或其他所需，便由皇帝寢室中的侍女轉告在隔壁室中的侍女去備齊，因此除了這些侍女外，沒有別人能伺候皇帝。克拉數估定較低者，則和皇帝的妃女同住，教她們縫紉編織和其他工作。如果有貴族要娶妻，大可汗就將其中一名賜與他，並陪送許多嫁妝，讓她們光榮出嫁。

●**帖木兒像**

忽必烈的四位皇后共有二十二個兒子，帖木兒是指定繼承人。

該部落人民不會怨抱大可汗娶走他們的女兒嗎？當然不會，反之會視此為至高的恩寵與榮幸。大可汗若願意娶其女，他們會說：「我的女兒是降生在吉星下的好命人，能嫁入貴人家，非我能力所能及。」假如女兒行為不端莊，或遭遇不幸，父親便要說：「遭此命運，是因為她的命星不吉。」

●英國人筆下的帖木兒

大汗的四位皇后共生了二十二個兒子，長子真金為皇太子，也是皇位繼承人。但他早逝，其子帖木兒成為合法王位繼承者。帖木兒親王性情善良敦厚，智勇雙全，並且十分英勇善戰。

除了正宮的二十二個皇子外，妃子也生了二十五個兒子。他們不斷接受戰鬥鍛煉，個個成為勇士。大汗封他們為貴族，正宮皇后之子中有七人做了大省的君王，善治其領土封地。他們是韃靼族偉大領袖之子，人民對他們有無限的期望。

明代宮殿的院落建築深受元朝影響，講究雍容華貴，氣勢磅礴。這是建於明代的圓明園蓬島瑤台。

汗八里城附近的宏偉宮殿

一年中從十二月至二月，大汗通常住在契丹省東北的汗八里城中。在這城南邊有座大宮殿，其形式和規模如下。

首先有個用城牆和深溝環繞的廣場，廣場每邊長八英里，中央立一往來進出的大門。圍牆內四邊各有一英里寬的開闊地帶作為軍隊屯駐地，緊貼著有第二道牆，圍著縱橫六英里的廣場，南北兩面各有三道門，中央一門比兩旁的宏偉。這道門除了讓皇帝出入外，長年閉鎖不開。兩旁邊門則終日開敞，方便常人進出。

第二道圍牆內的中央有排壯麗建築，一共八棟，為皇家軍庫。每座建築物僅儲藏一類戰具，例如馬韁、馬鞍、馬鐙和騎兵的裝備，都放在同一倉庫中；弓、弓弦、箭袋、矢和附屬物件收藏在另一倉庫內；護甲、胸

● 皇宮盛景

有學者認為馬可波羅的記述中有諸多矛盾和可疑點，便認為馬可只到過汗八里（北京）一帶，其他記載都是在北京聽來。此說法是對傳統觀點的挑戰。

甲和其餘皮製盔甲則放在第三座倉庫內，其餘依此類推。

●元大都和義門城瓮門遺址

在這圍場內又有另一個圍場，城牆高達二十五英尺，城垛和矮牆全白，又構成一個周長四英里的方場，每邊各長一英里。和上述方場一樣，南北各有三道門，內中也同樣設置八座大建築物，作為皇帝藏衣室。各城牆間種植許多樹木草場，飼養各類野獸，如大鹿、麝、小鹿、黃鹿等。每道城牆間若沒有建築物，也按這規劃佈置。這些草場牧草豐盛，場上道路高出草場地面三英尺，路面經過鋪砌，污泥雨水不至淤積，而向兩側流去，有助於草

木滋長。

這四英里牆垣內即是大汗的巍峨宮殿，其寬廣度乃前所未聞。皇宮從北城一直延伸至南城，中間只留一空院，作為貴人和禁衛軍的通道。宮殿只有一層，但屋頂高聳，地基平臺約高出地面十掌，周圍有一堵大理石圍牆，約兩步寬。這牆也作為平臺，從外面可以看見平臺上來往之人，城牆外有美麗的柱墩和欄杆，允許人們接近。大殿和房間雕樑畫棟，金碧輝煌，各處都飾以雕刻和鎦金的龍、飛禽走獸、武士雕像以及戰爭藝術品。

皇宮四面有大理石鋪成的石階，人們可由平地拾階而上，走到環繞皇宮的大理石圍牆，凡要入宮之人，都必須通過這道圍牆。

皇宮大殿氣宇軒昂，能容納多人設宴。宮中房舍眾多，佈局合宜美觀，建築技術巧奪天工、登峰造極。屋頂外飾以紅綠藍紫色，結構堅固，足以保存多年。窗上玻璃極為精緻，猶如透風的水晶。

皇宮後面有幾幢大殿，內有套房數間，用來收藏皇

●皇宮建築的典型特質：龍吻

●龍吻側面圖

●宮殿彩繪圖案

●妙應寺塔

汗八里的妙應寺塔建於元朝，由當時入仕元朝的尼泊爾工藝家阿尼祿奉教主持修建。它是元大都保存至今的重要地標。

帝私產和珍寶，譬如金條、銀塊、寶石、珍珠、金銀器皿和餐具等。這裏也是正宮皇后和妃子的宮室，皇帝在此清靜之地深居，不受外界干擾，便於處理政務。

皇帝皇宮對面的宮殿，外型與正宮相同，是皇太子真金的住所。因為他是皇位繼承人，所以這裏一切禮儀完全和他的父皇相同。離皇宮不遠北面，距圍牆約一箭遠的地方有座人造假山。山高一百步，周長約一英里，山上栽遍美麗的長青樹。因為皇帝陛下一旦得知哪裏有好看的樹，便命人將它連根帶枝挖起，不管大小重量都用象馱運過來栽種，為這座山增翠添綠，因此這座小山四季常青，得名青山。

青山頂上有座別有風味的綠色亭子，使青山、翠樹、綠亭渾然一體，構成一幅賞心悅目的園林奇景。皇宮北區還有個寬闊深邃、構造精密的人工湖。這裏掘出的泥土，正好用去堆成假山。湖水有小溪流注，湖形如魚池，供家畜飲水用。流經人工湖的溪水穿出青山附近的溝渠，注入位於皇帝與皇太子宮殿間的一座人工湖。開湖挖出的泥土也同樣用來堆築假山。湖中養有各式魚類，皇帝吃用的魚鮮，全來自這座人工湖。

溪水從湖另一端流出，水流的出入口都安上銅鐵柵欄防止魚類游出。湖上有天鵝水鳥，還有一道橋橫跨水面，作為皇帝與太子宮殿的交通橋。有關皇宮的描述到此為止，接下來要談大都城。

大都新城及京城治安規章

汗八里城橫跨契丹省內一條大河，自古以來以雄偉莊嚴而馳名。城名的含意是「帝都」，不過皇帝陛下根據星占學家的卜算，認為該城將來會發生叛亂，所以他決定在河對岸另建新都。前面描述的皇宮大殿就在新都，新舊都城只一水之隔。新都取名大都，所有契丹省居民都被迫遷離舊都，移居新都。忠誠的居民仍允許留在舊都，因為新都雖然寬廣，仍不能容納像舊都一樣眾多的居民。

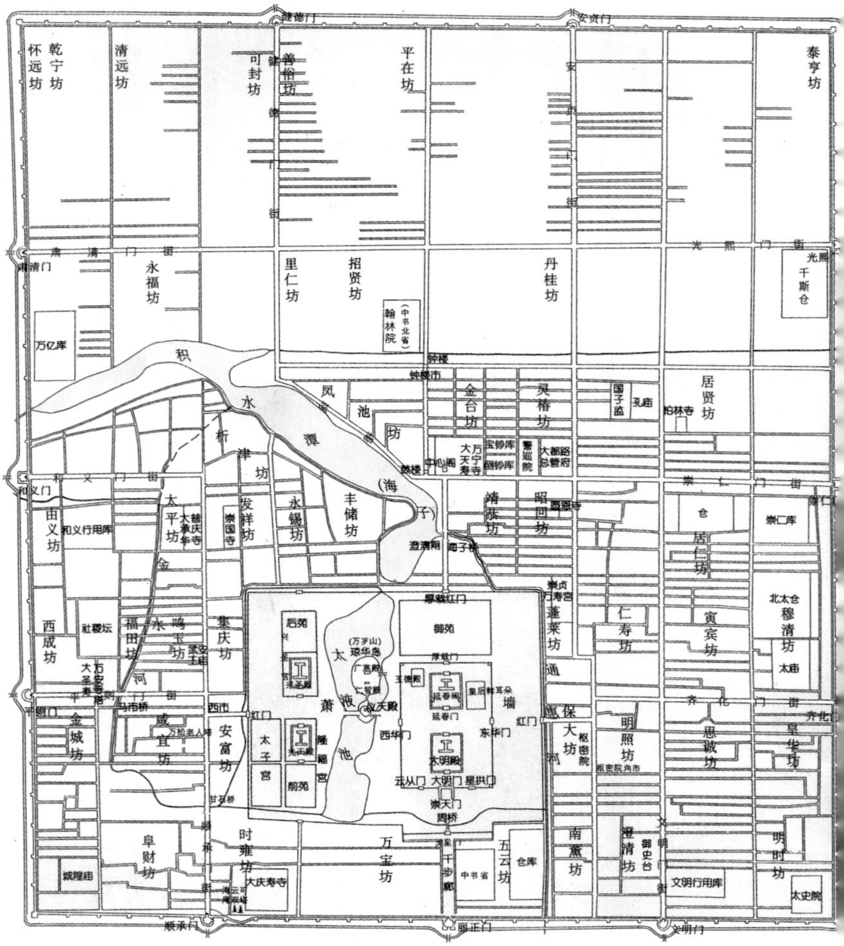

● 元大都地圖

元大都以今北海為中心，城牆四周各十一個城門。回族人亦黑迭爾丁為元大都的設計貢獻其多。

新都呈正方形，佔地二十四英里，每邊約長六英里，周圍環繞土建的城牆，牆底寬約十步，向上遞減，頂寬不超過三步，所有城垛都是白色，全城設計以直線規劃，街道全是筆直走向，直抵牆根。若登上城門朝正前方遠望，可看見對面城牆的城門。城內公共街道兩側有各種商店貨攤，配給居民建房的土地也是四方形，直線排列整齊。每塊地都有足夠的地方建造屋宅、庭院和花園。土地配給家長，土地產業可以自由買賣。整個城區按四方佈局，如同一塊棋盤，城市設計精巧美觀，非語言能形容。四圍城牆共開十二道城門，每邊三個，每道城門上方及兩門中間都有座漂亮的箭樓，所以每邊城牆共有五座箭樓，樓內有守城士兵的武器庫，每座城門有一千名士兵駐守。龐大的駐兵並不是為了防止外敵侵犯，而是在炫耀和維護皇帝的權威。由於星占學家的預言，不可否認皇帝對契丹省人民懷有疑忌之心。

●鏤空三彩龍鳳爐圖

這是元大都故址內挖掘出的文物，其造型之美觀，工藝之精湛，表現當時的文明程度。

新都正中央有一座高樓，上面懸著一口大鐘，每夜鳴鐘報時。第三次鐘響後街上禁止人行，除非發生緊急狀況，譬如孕婦分娩或有人生病，非外出請醫生不可。如果遇到這種情形，外出的人必須提燈。

城門外郊區廣大，和最鄰近的兩邊城門連貫，長度延伸三四英里，因此城郊居民的人數超過了都城的居民人口。近郊離都城約一英里遠的地方，有許多旅館或招待駱駝商隊的大客棧，供各路商人投宿。旅客按不同人種分別下榻在指定旅館內，以便隔離，譬如倫巴人、德國人和法國人，都分住在其指定住所，不得混居。

新舊都城近郊的青樓娼妓多達兩萬五千人，每百或千名妓女，都有指派官吏監督，這些官吏又受總管統

轄。管理娼妓的用意是：每當外國專使來到京都，都與大汗的利益相關，照例由皇家款待。為了對外客表示盛情，總管便特令給使節團每位成員一名高級妓女，每夜更換。妓女們把這差役看成是對皇帝應盡的義務，不收取任何酬勞。

每夜京城有三四十名的巡邏兵，在街頭查看是否有人違反宵禁。被查獲者立即逮捕監禁，待天明後送往專職城防的官吏審理。如果被證實是行為疏忽，便按情節輕重處以板刑，有時也會致人於死命。這是星占學家建議的免流血刑罰方式。

●汗八里街市圖

「汗八里」一詞源自突厥語中的「皇城」，馬可波羅用它來稱呼北京。馬可對汗八里街市的結構及盛況記載詳細，令人咋舌。有國外學者認為，如不是身臨其境，絕對寫不出來。

大可汗的衛隊

大汗的禁衛隊有一萬兩千名騎兵，稱為凱西坦（kasitan），意為「效忠皇帝的騎士」。組織這樣一支禁衛隊不是出於恐懼，而是為了展現皇家威風與尊嚴。這一萬兩千人由四名長官統率，每人指揮三千。每三千人輪流在皇宮值班三晝夜，期滿後與另一隊更換。四個隊伍值勤期滿，再從頭輪起。

不值班的九千名士兵，白天除皇帝派差或因私人因素經長官批准，才可以離開皇宮，其餘時間一律留在宮內。

大可汗的盛大朝宴

當大可汗舉行大型朝宴時，朝見者列席如下：御案一張放在高臺上，大汗坐北朝南，皇后坐在他左邊，右邊是皇子、皇孫和其他皇親國戚，座位較低，皇太子的頭和皇帝的腳成水平，其他親王和貴族的座位更低。婦女座位亦同，皇媳、皇孫媳和大汗親屬之妻都在左邊入座，席位也有高低之別，接著是貴族和武官夫人的座位。所有人都按照其品級，坐在指定席位上。

殿中的座位安排整齊，寶座上的大汗能俯視全殿。但並非所有朝見的人都有座位，大部分官員，乃至於貴族，只能坐在大殿的地氈上進餐。殿外還站著許多外國使節，帶著稀世珍品來朝貢。

大殿中央，即大汗御案前，有個金碧輝煌的方匣子，每邊三步長，雕飾以鎦金的飛禽走獸。方匣子中空，盛著一個巨大的純金瓶狀容器，估計可裝下數加侖液體。方匣的四邊各放一個小容器，約能容納兩百四十升。其中一隻容器裝馬奶，一隻裝駱駝奶，其餘也裝滿各種飲料。大方匣中還放著皇帝的酒杯酒壺等器皿，有些是漂亮的鍍金品，每件容量足夠八到十人飲用。

凡有座位的人，每兩人的桌前擺一壺酒，並配有一個金屬杓，形狀很像帶柄的酒杯。它不僅用來裝酒入壺，還要把它高舉過頭。婦女和男子一樣，也必須遵行這儀式。皇帝陛下金銀餐具之多，令人難以置信。

宴會期間有高級侍者在殿上巡視，引導不熟悉宮廷的外賓入席。侍者在

●陶俑：永不停歇的舞蹈

這幅唐人宮樂圖與馬可波羅描述的宮宴場景非常相似。

大殿各角落川流不息，詢問賓客的需求，是否需要飲料和餐點。凡有所求，侍者立刻送上。

在大殿每道門，或大汗會經過的地方，都有兩名魁武的侍衛手執棍棒分站在兩側，目的在防止人們的腳踏在門檻上。因為人們出入殿門時，必須跨過門檻才不失禮。如果有誰犯了禁例，看門官便脫下他的衣服，罰他拿錢來贖。如果他們不肯脫下衣服，侍衛可依其權力施以棍刑。不過有些賓客不懂此禁例，就得另派官員引導告誡，因為腳踏門檻被視為不祥。當宴客離開大殿時，有些人因為醉酒，難免發生意外，在這時候禁令很難確實執行。

在皇帝左右伺候飲食的人，都必須用面紗或綢巾遮

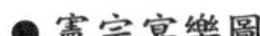

●憲宗宴樂圖

住口鼻，防止他們的氣息觸及大汗的食物。當大汗傳呼飲酒時，侍者在奉上飲食後要後退三步跪下，朝臣和所有在場賓客皆匍匐在地，鼓樂同時奏鳴，直到陛下飲盡才停止，這時在場所有人才紛紛起身。陛下每次飲酒，就得重覆同樣的敬禮。宴會的珍饈佳餚豐盛，實在不必多言。

用膳結束後會有藝人進入大殿。其中有演員、樂者，和變戲法的人在陛下面前殷勤獻技，所有列席者皆大歡喜。娛樂節目結束後，眾人才離開大殿，各自回府。

舉國歡慶大可汗萬壽

大可汗的萬壽日是九月二十八日，全韃靼人都必須慶祝。除了接下來要描寫的元旦外，陛下的萬壽日可說是最隆重盛大的節日。這天大可汗會穿上華麗無比的金袍，並賜與兩千名文武朝官和貴族同式樣的衣服，但後者的衣料沒有大汗的富麗。

除衣服外，貴族和武官還可領到一條金銀線繡的皮帶和一雙靴子。皇帝最親信的貴族會得到綴飾珠寶的禮服，價值一萬拜占庭金幣；按朝中規定，在每年十三個重要節日才能穿禮服。穿禮服者的一言一行，都應表現出對大汗的忠誠。每當皇帝

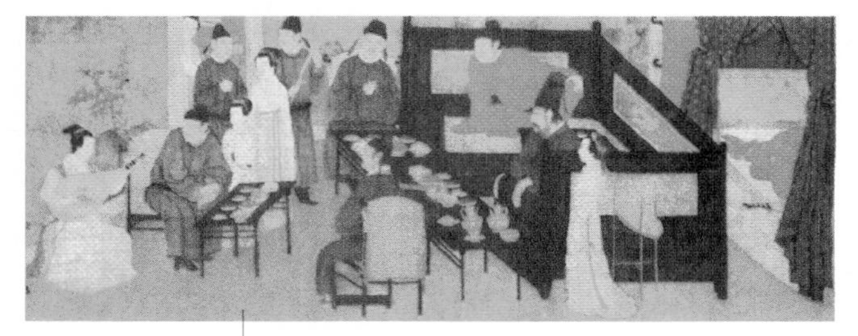

● **韓熙載夜宴圖**

這幅畫是南唐著名畫家顧閎中的傳世傑作。全圖共分五段，描繪了韓熙載聽樂、觀舞、歇息、清吹到散宴的全部過程。據考，韓熙載父親原是軍中統帥，遭後唐明宗殺害，韓熙載化裝逃往江南，投奔南唐，圖日後為父報仇。然而不受南唐後主李煜重用，韓熙載落寞之中「多好聲妓，專為夜宴」。李煜對韓熙載放心不下，便派宮廷畫家顧閎中前去窺視，回來之後畫了這幅作品，因此有人認為該圖是一幅情報圖。

陛下更換禮服時，朝廷貴族也得改換同樣式的衣服。禮服雖得隨時備用，但不需年年更換，而且每件都可以保存十年。皇帝和他的男爵都有十三套鑲有珠寶的衣服，只是大汗的更加華麗和名貴。從這裏可以想像這些禮服的耗資，以及大可汗的氣派，世上任何君主都望塵莫及。

每逢大可汗的萬壽日，所有韃靼臣民和疆域內所有王國和各省臣民，都要按照慣例獻貢。有人進獻為求恩封疆土，大可汗即諭令掌管封贈事宜的十二名審查官，賞給請求者應得的土地和行政區。

陛下萬壽當天，所有的基督教徒、佛教徒、撒拉遜人及各色人等，都分別虔誠禱告他們的上帝和偶像，祈求保佑皇帝萬壽無疆，民富國強。一年一度的皇帝萬壽日就是在舉國歡騰、普天同慶的氣氛中度過。

元旦慶典

韃靼的元旦在每年二月的第一天，在那天上從皇帝朝臣，下至一般百姓，都得穿著白衣，所以又稱為白節。這天各國君主與臣民都得向大可汗獻上貴重的貢品和白衣，貴族之間也會交換禮物，並且互相恭喜道賀，祝彼此年運順昌。白色是韃靼人的吉祥顏色，所以節慶時期有許多白馬會獻給大可汗。白馬在這國家非常普遍。

獻給大可汗的禮物數量必須是九乘九，如果要入貢馬匹給大可汗，馬的數量必須是九乘九，也就是八十一頭，黃金和衣飾也要符合這數量。大汗在節慶時收到的馬，絕不低於十萬匹。

元旦當天會有五千頭象遊行，身上披滿繡以野獸禽鳥的金銀絲綢，背上背負兩個櫃子，櫃裡裝滿宮廷使用的金銀器皿與盔甲。象隊之後尾隨著駱駝隊伍，負載日用的家具。所有遊行隊伍列行在大可汗面前，場面非常可觀。

節慶當天早上，所有王公貴族、騎士、星占家、哲人、捕鷹人，以及各級官吏，都要到大殿前跟大汗祝賀。恭賀的行列以皇子和皇族在前，接下來是諸國國王和各級貴族，其後按階級等次就位。

所有人就位後，一位職位崇高者會起立大呼：「鞠躬跪拜。」眾人應聲跪拜，頭扣地面，口中讚美神與君王，如此行禮四次。禮畢後，眾人走到祭壇前，壇上放置一面紅牌，上面刻有大汗的名字，牌前放置一尊焚香金爐。眾人在祭壇前參拜完畢，紛紛回位，然後開始貢獻禮物。

大汗閱畢所有禮物後，便命令宴席開始。各人依照案序就位進食，餐宴結束後有藝人娛樂表演。宴會結束後，眾人才各自歸府。

● 宴飲

馬可記載中國的新年在陽曆二月，並稱這一天從皇帝到全國臣民都須穿白衣，以示吉祥。這樣的記載與《元史》相符。節日穿白衣服是蒙古人的風俗，當然皇帝設盛宴也並非只是新年。圖為墓室壁圖。

冬季狩獵

大汗每年十二月到隔年二月都住在契丹都城。此時正值寒冬臘月，官家的打獵隊伍會在王都周圍四十日路程內的地區活動。

各地區的總督必須將大獵物如野豬、雄鹿、黃鹿、獐鹿和熊送給皇家。獵取這些野獸的方式如下：

凡是這一帶地區的臣屬都必須參加行獵，到野獸出沒的地方散開圍場，將獵物圍在圈內，任鷹犬去追擊獵物，然後放箭將動物射死。要獻給皇帝的獵物，必須先挖去內臟，然後裝上馬車運輸。住在距京城三十驛站路程內的人可照此運送，但在距離四十驛站外的地方，因為路途遙遠，不能獻肉，只能獻上獸皮。獸皮有些先削好，有些仍是生皮，供皇帝陛下製作軍用品。

行獵的野獸

大汗馴養許多獵鹿用的豹和山貓，還有許多獅子，牠們比巴比倫的獅子還大。獅子的皮毛光亮優美，兩側有條紋，間以黑、白、紅三色，擅長襲取野豬、野牛、驢、熊、鹿、獐和供遊獵用的走獸。獅子為追逐野獸出籠之際，其兇猛的氣勢和捕獲獵物的靈敏，使人看了讚歎不絕。皇帝陛下為此特意將獅子關在籠內用車運至行獵地，籠內還有一隻小狗，獅犬相處親狎。獅子一見獵物，追撲之勢極為迅猛，所以必須以籠圈住。最妥當的方法是牽籠子逆風前進，使獵物無法嗅到牠們的氣味，否則獵物會立刻逃得無影無蹤，喪失行獵的樂趣。

皇帝陛下還豢養許多獵鷹，牠們體大有力，兇猛犀利，專門訓練來捕捉狼類。狼不論大小，遇上這獵鷹，都將無法逃生。

兔一日雙還倍彼
三是日凡中八兔生風耳後
武還思諫獵篇
中吾自有權衡
南苑行圍即事三首
乙亥暮春御筆

替大汗行獵的兩兄弟

●墓室壁畫：狩獵場景

皇帝在行獵中有兩名男爵專門為他服務，他們是親兄弟，一個名叫伯顏，一個名叫明安，韃靼語稱他們為「欽紐奇」（chivichi），意思是「狩獵掌管者」。他們的職責是指揮獵犬追逐獵物，並各自統率一萬人。當他們陪皇帝行獵時，兄弟倆帶領的人一邊穿紅制服，另一邊穿藍制服。

跟隨行獵的獵犬不下五千頭。兄弟其中一人帶領他的隊伍在皇帝右側，另一個則在皇帝左側，兩隊依次前行圍獵，直到圍起的地帶只剩一天路程為止，這種圍獵方式會使所有野獸難逃羅網。圍場內獵人奮勇搏擊，鷹犬自四面八方追逐鹿、熊和其他野獸的情景，會是多麼壯觀的景象！

這兩兄弟從十月一日至三月底止，每日必須供給宮廷一千頭獵物，鳥類不計算在內。除此以外，還要盡可能供給大量的魚，因為三個人食用的魚量，折同於一頭獵物。

馬可波羅對汗八里的宮殿園囿、城市建構、商業繁盛、人煙稠密，對大汗的儀表、宮妃、朝政、宴饗、狩獵等皆如數家珍娓娓道來，足見他不是道聽塗説。

十二位鷹師和御用帷幕

患有痛風的忽必烈習慣躺在木亭中的睡椅上，放鷹捕鶴。

皇帝陛下平常住在京城，三月份會離開京都往東北方，到達距海兩日路程之地。整整有一萬鷹師隨行，攜帶著大批的大隼、遊隼和鷹，以便沿河岸狩獵。這大批人分成許多小隊，每隊大約一兩百人，從各方向進行狩獵，大部分獲得的獵物會獻給皇帝。皇帝手下有一批「塔斯科爾」（taskaol），意思是「看守」，其隊總數一萬。為了做好看守工作，他們分二三人為一小隊，各小隊保持固定距離分散至各處，以便看守鷹群。他們每人都備有一支口哨和一塊鷹罩，必要時能喚回鷹群，並保護其安全。放鷹的命令一旦發出，放鷹者不必跟隨，因為有另一批人專門看守放出的鷹，防止牠們飛到不能收集到的危險地帶。如果鷹遇上危險，他們能立即救援。

屬於陛下或貴族的每一頭鷹，腳上都繫著一塊小銀牌，上頭刻著主人和看守人的名字。有了這項措施，一旦收回他人持有的鷹，可立即物歸原主。如果還是無法查明鷹主，可將鷹交給一位名叫「巴爾加格奇」（bulangazi）的官員，意思是「無主財物監護官」。凡是拾到物主不明的馬、劍、鳥或任何東西，得將失物直接交給這官員，由後者細心保管。要是有人拾到失物而不交給保管官，那人會被當做竊賊懲辦。失者一經向保管官申請，即可收回失物。這個官員的辦公處在營地的高地，用特製的旗幟作標誌，非常顯著易尋。這法規十分有效，失物都能物歸原主。

當皇帝陛下前進到海濱時，一些奇聞趣事伴隨著遊

獵活動相繼出現，實在非世間其他娛樂所能比擬。有些所經之地因為隘口狹窄，大汗便乘坐在兩頭象背上，有時獨乘一頭，因為這比乘多頭來得方便。在一般情況下有四頭象載著一個木亭，名叫「寶盆」，裏面可以坐人。亭子精雕細鏤，內部以金線織布為墊，外面掛獅子皮。大汗必須以這種乘載方式行獵，因為他患有痛風。

大汗坐在寶盆裏，兩旁有十二名官員攜帶十二隻最好的大隼隨伺。這十二名官員是從他最得寵的官員中挑選出來的，陪伴他行歡作樂。簇擁在兩旁的騎兵看到鶴或其他鳥類飛近時，便立即稟報陛下。此時大汗拉開門簾，當他看見獵物時，就下令放出大隼。

●墓壁畫：車騎出行圖

經過長時間搏鬥後，大隼捉捕到鶴一一制服。皇帝躺在木亭中的睡椅上，觀賞放鷹捕鶴的情景，心情十分開懷。在身旁作陪的官員以及四周擁簇的騎兵，也無不歡欣鼓舞。這樣娛樂取興數小時後，隊伍便前往卡查莫敦（Kakzarmodin）。諸王子、男爵、皇后、妃子和鷹師等的帳幕都設在這裏，人數以萬計。皇帝聽朝所在的帳幕異常寬敞，一萬名士兵也能在裏面排列成陣，並且還為高官貴人留有一席之地。帳幕入口朝南，東邊另有一帳幕相通，構成一個寬敞的廳堂。東邊的帳幕通常是皇帝和少數貴族議事用，也用來召見會面。它的後面是間漂亮的大房間，正是皇帝的寢宮。除此之外，還有許多帳幕住所供王室家屬使用，但不和大帳幕相連。

十五世紀歐洲貴族狩獵場面與馬可波羅所述的中國皇宮狩獵場面相去無幾。

帳幕內廳堂臥室的構造配備如下：每間廳堂或臥室都用三根雕花鎦金柱支撐，帳幕外用獅皮覆蓋，呈白黑紅三色相間條紋，縫結緊密，不透風雨，內裏襯以皮貨中最為貴重的貂皮和黑貂皮。用黑貂皮做一件全身衣服，要花兩千枚拜占庭金幣，半身也要值一千，韃靼人將它看成毛皮之王。貂在他們的語言裏稱為「良得靳」（rondes），大小如同鼬鼠。大廳和臥室間用這兩種毛皮很有技巧地搭配隔離，饒有風趣。支撐帳幕的繩索都用

絲製。

皇帝陛下大帳幕附近是皇后和妃子的下榻處，也是同樣富麗堂皇。她們也有自己的大隼、鷹和其他飛禽走獸娛樂。在這裏行獵安營的人數多到令人難以置信，親眼目睹的人會想像自己置身在一個人口眾多的城市中，如果整個帝國的人都聚集在此，數量會相當可觀。行獵時，大汗都會率領全家同行，亦即其家眷、醫生、星占學家、鷹師和各類官吏都會在場。

大汗在這裏停留到春季來臨。到了春季，他便來往出入於江河湖泊地帶，以獵取白鸛、鵠、鷺鷥及各種鳥類。由於隨從人員分散各處，也能為他捕獲大量獵物。大汗在娛樂季時過得暢快無比，其程度非要親眼目睹才能想像。遊樂的範圍及盛況，非言語能形容。

在大汗的疆域裏，嚴禁商工農民私養狩獵用的兀鷹、鷹和其他鳥類，或供遊樂用的獵犬。即使是貴族或騎士，除非在大鷹師的名單上有他的名字，或是享有行獵特權，否則一律不准在皇帝陛下駐蹕的鄰近地區狩獵。禁獵地點有一定限度：一方劃五英里，另一方向是十英里，第三個方向則是十五英里，在這些範圍之外才准許人民行獵。另外還有一道命令禁止大汗所屬的各國所有臣民在每年三月至十月間捕殺野兔、獐、黃鹿、赤鹿等類動物或任何大型飛禽，用意在於保護鳥獸繁殖，凡違禁者嚴懲不貸。在這規定下，每種獵物都能生息蕃庶。

游獵季節一過，大汗便取原路返回京都，在歸途中仍然繼續打獵娛樂。

●劉貫道「元世祖出獵圖」

畫中元世祖和陪臣在大漠中打獵。他頭戴銀鼠暖帽，身穿紅色錦袍，外披銀鼠鑲紫貂袖口裘皮大氅。其他九位陪臣也戴暖帽，穿錦袍，袍上有華麗紋飾，但根據其官階不同而有差異。他們或架鷹，或縱犬，有一匹馬後頭跟著獵豹，有一人正彎弓射大雕。

畫面上十騎錯落有致，每人乘騎姿勢各異，充滿生動活力。遠處一隊駱駝在沙漠中行進，顯現畫面的層次深遠變化。全景一片沙漠肅殺之氣，搭配勇悍的獵人、驍駿的馬，使全畫看來氣勢非凡。

大汗歡度歲月的方式

大汗回到京城後，會連續三天舉辦盛大宴會，犒賞所有隨行人員。三天娛樂狂歡後，大汗將離開皇宮回到上都。那裏有他豪華的花園、木建的宮殿，花園內養著猛雕。

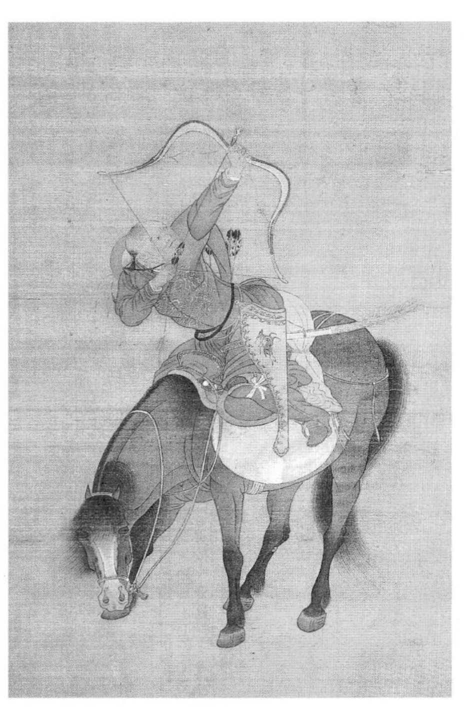

● 元世祖出獵圖（局部）

大汗每年五月到八月底都要在這涼爽的地方避暑，之後才返回京師，在京師待到隔年二月，以便舉行盛大的新年慶典。

前往海濱的遊獵旅行一般定在三月到五月。大汗每年的生活都是這樣度過：六個月居住在京師，三個月遊獵，三個月住避暑行宮。大汗如此享盡歡樂度日，至於他的隨意遊覽就不用贅述了。

人口衆多的汗八里城

汗八里城內有十二座城門相對應的十二個衛城，居民人口博眾，城內房頂一望無際，超出一般人的想像。衛城居民比城區更多，商人和入京辦事的人都住宿在郊區。每逢大汗問朝的數月間，各種人自各地八方擁至。郊區和市內同樣繁華，也有如同城內一樣豪華的宅第和雄偉樓宇，只差沒有大汗的皇宮。

屍體一律不許掩埋在城內。佛教徒按其火葬風俗，也應將屍體運往郊外固定地點火化，那裏也是官府的刑場。除暗娼官府無法管理外，娼窯不許在城內開業，全部限制在郊區。前面已提到汗八里城有兩萬五千多名娼妓，無數商旅絡繹不絕地來往京城。娼妓數目這樣龐大，依然供不應求。

城內可以找到世上最稀罕之物，特別是印度商品，如寶石、珍珠、藥材和香料。契丹各省和帝國各省境內凡有貴重寶物，都會運到這裏，供應京城市民的需求。從這裏出售的商品數量為世界之冠。根據統記，用馬車和駱駝載運生絲到京城的次數，每日不下一千輛次，運來的生絲會在這裏被製成各種絲織品。

京城附近有許多被城牆圍住的城鎮，裏面居民大部分靠跟朝廷做生意來維持生計。他們出售自己的產物，來換取生活必需品。

●**汗八里的商業區**

馬可波羅認為，世上最稀罕珍貴的東西都能在汗八里找到。

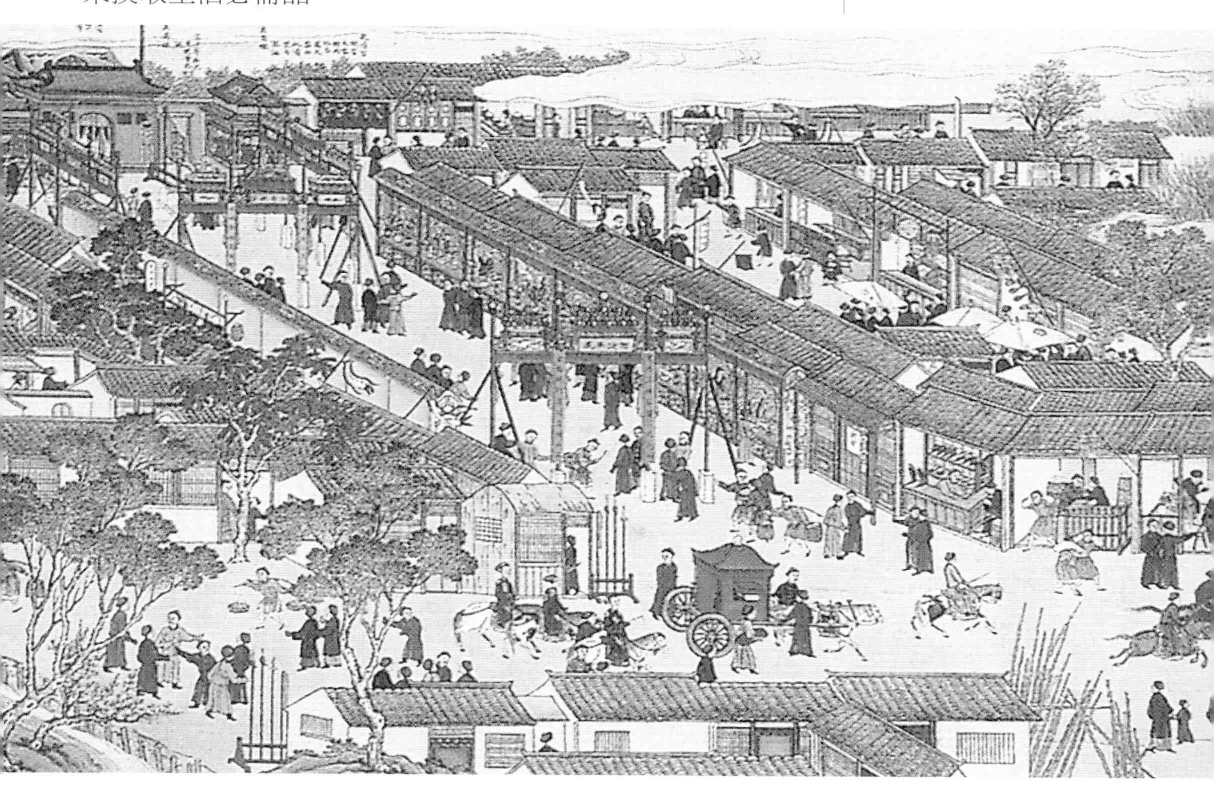

阿合馬壓迫契丹女子

大汗朝廷有大官十二名，授命有權處理土地分配、官職升遷和其他政務。其中有個撒拉遜人名叫阿合馬，非常精明幹練，很得大汗寵信，所以他在大汗面前比其他十一人更有權力，進而憑仗大汗的器重為所欲為。從他死後揭露出來的真相得知，他曾用巫術操縱擺佈大汗，騙取大汗的信任，大汗對他言聽計從，是以他氣焰囂張，橫行霸道不可一世。

一切國家政務、官職升遷、罪犯量刑等，都由他攬權決斷，還可隨其好惡置私敵於死地。他可以不經審判便啟奏大汗說：「這個人該死，因為他冒犯了大汗的尊嚴。」大汗聽過一定准奏說：「就按你的意思去辦。」

馬可波羅記載阿合馬的荒淫與獨斷，在《元史本記》和《阿合馬傳》中都有記載，馬可的記載正好有史實可印證。這是從遼墓中發現的「蘇若蘭織寄四文綿」。

人們見大汗極度寵信他，是以誰也不敢違抗，任何事聽由他處置。即使職位再高，權力再大，都不敢招惹。如果被他在大汗面前控告犯了應處死之罪，為自己辯護將會白費力氣，因為誰都不敢觸犯阿合馬，所以無人肯出來做證，有許多人因此含冤而死。

此外，凡是他喜歡的漂亮女子，絕對逃不出其魔掌。若強娶未出嫁的女子為妾不成，也定將她姦汙。一旦聽說哪府有漂亮女兒，他手下的爪牙會跟女孩的父親說：「將你的漂亮女兒嫁給阿合馬，叫他讓你做三年封疆大臣，或成為高官顯爵。你認為如何？」這人不敢反對，只好忍痛割捨女兒。不久阿合馬會跟皇帝啟奏有職位空缺，皇帝會交由他全權處理，於是這女子的父親馬上被指定上任。如此一來，所有美麗女子或因為父母的野心，或是懾於阿合馬的淫威，個個成了他的妻妾和情婦。他約有二十五個兒子，個個身居要職。有些仗著父親權勢，仿其父胡作非為。因為收取大量賄賂，阿合馬積聚了巨大的財富。

●契丹女子以豐腰為美

他侵權長達二十二年，契丹百姓怨聲載道，不堪奸臣對妻女的凌辱與迫害，對他懷恨至極。有些人密謀除掉他，便聯合起來反叛政府。其中有個契丹人名叫陳楚，是個千戶，他的母親、妻子和女兒都被阿合馬姦汙。他滿懷悲憤，和一名契丹萬戶王著密謀暗殺阿合馬，決定趁在大汗不在汗八里時下手。屆時太子真金也會離城，前往他常去遊覽的地方，只剩阿合馬留在京城

內。

王著和陳楚議定後，便將此秘密計畫通知契丹人的重要首領，眾議一致同意後，再以口頭轉告分散各城的同夥，決定在某日以烽火為訊號，殺盡一切蓄鬍之人。

●遼墓室壁畫中的契丹人

這座橫臥於草原的契丹人石碑殘座，見證了歷史的興衰、王朝的興替。

契丹人從來不留鬍鬚，只有韃靼人、撒拉遜人和基督教徒才蓄鬍。契丹人厭惡大汗統治，當地的大官都是韃靼人和撒拉遜人。這兩種人統治契丹毫無章法，只憑藉武力威懾。阿合馬得不到當地人擁戴，乾脆把所有權力都交給韃靼人、撒拉遜人或者基督教徒。這些人依附大汗，忠心耿耿替他效勞。對契丹人來說，這些統治者都是侵略者。

到了約定當天，陳楚和王著趁夜潛入大汗內宮，王著命令手下點燃燈燭，然後派使者到位於舊都的阿合馬相府，佯稱太子真金回京，突然要召見他。阿合馬驚訝不已，但他懼怕皇太子，忐忑不安地出門。走到城門口時恰巧遇到一位叫司戈台的韃靼人，他是一萬兩千名守城軍的司令官。後者問他：「深更半夜到哪裡去？」「到真金那裏去，他剛回京。」司令官說：「這怎麼可能？他何必如此神秘，連我也一無所知。」於是他帶領一些士兵陪同阿合馬進宮。契丹人當時不計任何後果，只希望殺死阿合馬。阿合馬進入宮殿，眼前一片燈火輝煌，以為王著就是真金太子，便跪地請安。說時遲那時快，站在一旁的陳楚揮刀砍下阿合馬的首級。

● 烈女圖

馬可遊記中所記載的陳楚和王著在歷史上確有其人，但譯名各不相同。但陳楚並未直接參與謀殺阿合馬。有注釋學者指出，陳楚（Cenchu）是千戶的譯音，即王著，而另一人是高和尚，即（Vanchu）萬戶的譯音。馬可並不知道這兩人的漢譯名字，當時在上都聽蒙古人或西域人説起其事，未加細究，這是他的誤解，但所述情節與史載基本一致。阿合馬的暴行使契丹出現了不少冤婦和烈女。

在宮門入口的司戈台見到這情景，立即大喊叛賊，飛快朝王著射出一箭，王著立時斃命。司戈台命人將陳楚綁起，並對全城發佈戒嚴令，在街上逗留的人一律就地處死。自從王著被殺、陳楚被擒後，契丹人失去領袖，個個深藏家中足不出戶，起義的烽火成了泡影。

司戈台立刻派遣信差飛報大汗，稟告事情始末。大汗傳諭令司戈台仔細調查，懲辦罪犯。司戈台在清晨搜查契丹各家各戶，被捉到的叛亂頭目都被處決。

大汗返回汗八里後，馬上追查事變緣由，因而獲悉貪官阿合馬和他兒子們的滔天大罪。大汗立即下令沒收阿合馬的財寶，送入皇帝在新都的財庫。他發現財寶數量竟然非常龐大，便令人挖出阿合馬的屍體，扔到街頭任野狗撕咬。

● **石房**

契丹人的石房結構極為簡單。關於它的用途說法不一，有監禁囚犯，祭禮及停屍等說法。

這事件引起大汗注意到撒拉遜人的宗教信仰。他們的教義規定，凡是所犯罪惡，即便是殺人罪，只要不是對付同宗教信徒，罪都可獲得赦免。這教義使阿合馬和其子肆無忌憚，心安理得不識其罪，大汗開始對此宗教厭惡不滿。於是他召集撒拉遜人，禁止他們以宗教為合法犯罪的理由，責令他們依循韃靼的法律，規範他們的婚姻制度，禁止他們以割喉的方式宰食，改以韃靼人剖開動物肚腸的作法。

這個事件發生當時，馬可波羅正在汗八里。

大汗發行的紙幣通行全國

汗八里城中有個皇家造幣廠，該廠採用下列程序生產貨幣，其技術真可說是如同鍊金術一般奧秘。

工人剝下桑樹——其葉可養蠶——樹皮，取出介於粗樹皮和木質間的一層極薄內皮，將它浸在水中，隨後倒入臼內搗爛成糊狀，最後製成紙。其質地類似棉製紙，不過顏色奇黑。使用時把紙裁成長寬大小不一的紙片，近似正方形，但長度較寬處多。其中最小的紙幣票面與半個圖洛（denier tournoirs，中古時代的法國銀幣）同值；較大者與一枚威尼斯銀幣同值，其他分別是兩個、五個和十個銀幣。還有的值一到十個拜占庭金幣不等。

● **元朝紙幣**

馬可在遊記中沒有提及當時歐洲完全陌生的中國印刷技術，使得後人對馬可是否到過中國產生爭議。其實在遊記中，馬可對中國元朝的紙幣製造方法津津樂道，已沒有必要再談印刷技術了。

紙幣製造的規格和認可手續，都和純金幣或純銀幣一樣慎重。有許多特別任命的官員，得負責在每張紙幣上簽名蓋章。等依次辦完這幾道手續後，再由大汗任命的總管將保管的禦印蘸以銀殊，蓋在紙幣上，戳印將永不褪色。紙幣經過這道手續後，便取得通用貨幣的權威和信用。偽造紙幣被視為濤天大罪，會遭受嚴厲懲辦。

紙幣大量製造後，流通於大汗所屬的疆域，無人敢冒生命危險拒用。所有臣民皆樂於採用紙幣，因為無論到何地都可用紙幣購買珍珠、寶石、金銀等商品和任何東西。

京城一年中有好幾次大型駱駝商隊造訪，運載剛才提到的貨物和金絲織品前來，送到大汗面前。大汗會召集十二名精明幹練、經驗豐富的人，命令他們精挑細選，對選購貨物進行估價。大汗在公平估定價款之外，還酌量加上合理利潤，然後用紙幣付帳。商人通常不對此貨幣持有異議，因為他們也能使用。如果他們是外國人，不適用這種貨幣，可兌換成適合其市場的商品。

紙幣若因用久出現破損，可以拿到造幣廠，只需支付百分之三的費用，即可換成新幣。如果有臣民需要金銀鑄造酒杯、腰帶或其他物品，同樣可以持紙幣到造幣廠換取金銀條。

皇帝陛下的所有軍隊都用這種紙幣發餉，紙幣對他們而言與金銀同價。根據這些情況可以斷言，大汗的財富支配權大於世上任何君王。

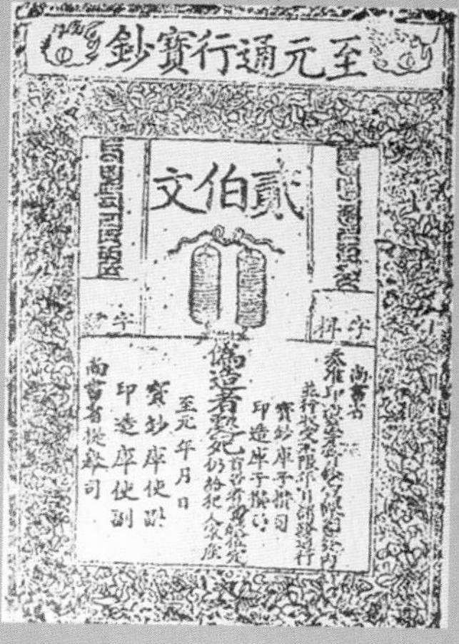

● 元代的至元通行寶鈔

元朝是我國古代使用紙幣最興盛的時代。曾先後發行過「中統元寶交鈔」、「至元通行寶鈔」等四種紙幣。元政府規定，紙幣是唯一流通的法幣，嚴禁金銀流通。即使外國商人來中國貿易，也必須將金銀兌換成紙幣，才能在市場上交易。這種純紙幣流通制比西方早了幾世紀。

● 現存最早的印本曆書

元代印刷業已經相當發達，政府除了大量印發紙幣外，還在戶部設立了印造鹽茶等部門，專門負責印造鹽、茶、礬、鐵等有價證卷券，此外，各種曆書及宗教方面的印書繼唐以後也有重大發展。

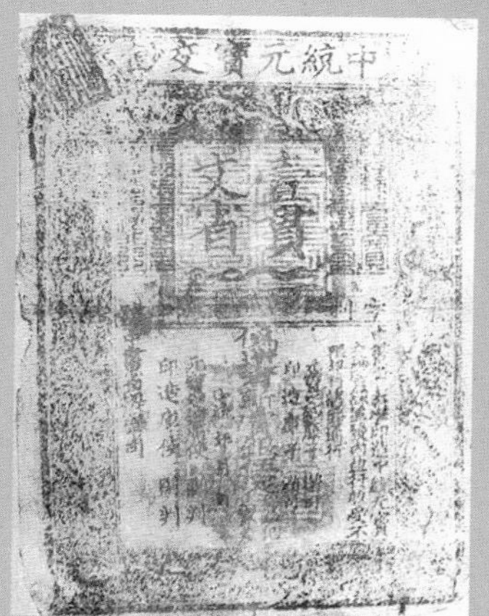

● 中統鈔

元代的紙幣印刷進行過幾次版式改變，但印刷工作一直沒有停止。元代最初的中統鈔用木刻版印刷，使用一段時間後，開始改用銅版印刷。可惜元代紙幣的印版和實物流傳下來的並不多。

● 唐中和二年成都印的曆書足以讓世界驚奇

● 元代中統鈔印版

● 我國最早的梵文印刷品

驛站和徒步信差

從汗八里城起有通往各省的道路，路上每隔二十五或三十英里間設有旅店接待過往商旅，叫做驛站或郵傳所。驛站的建築魁偉恢奇，內有陳設華麗的房間，掛綢緞的窗簾和門簾，供達官貴人住宿。即使王侯在這裏下榻，也不失體面。一切所需物品都可由鄰近的城鎮和要塞取得，朝廷還針對某些驛站定期運貨補給。

每個驛站常備有四百匹良馬，供大汗信使往來備用。所有專使都有替班的驛馬，他們在驛站留下疲憊不堪的馬匹，換上健壯的馬繼續趕路。即使進入沒有村落的山區，各城鎮間相隔遙遠，皇帝陛下也同樣指示搭建驛館，提供各樣必需品，並定期配給馬匹。

皇帝命令人民移居到驛站所在地開墾，管理郵政機構，並且擔任重要的信使工作。於是大村落逐一規劃建立，為大汗朝廷專使和穿梭各省各國間的信差提供莫大便利。這顯示大汗在事務管理方面，比起其他君主更出類拔萃。

● 元代轉輪排字盤使用圖

在大汗統治的疆域內，隸屬於郵遞部門的馬匹約有二十萬，驛館也有一萬幢。驛站制度完善，其執行效率用筆墨難以形容。這個國家如何提供這樣龐大的人力來履行上述義務？他們又如何維持生活？這問題可以這樣回答：所有佛教徒和撒拉遜人按其風俗，可以接娶六個、八個，甚至十個妻妾，因此子女眾多。有些人甚至有三十個兒子隨父從軍。至於我們，每人只有一妻，即使她不會生育，丈夫也得同她白頭偕老，被剝奪了繁衍後代的機會。所以我們的人口遠不及他們。

至於食物也無匱乏之憂，因為這些人民，尤其是韃靼人、契丹人和南中國的蠻子，大都以米、黍、粟為生，土地一年可收成三次，每次生產的容量以百計。小麥雖不算豐產，但他們不吃麵包，只有做成麵條或糕餅食用。吃米、粟時摻入奶，或煮爛和肉一起燉熟。凡是可耕種的土地都不讓它荒廢，各類牲畜繁衍不絕，所以當他們出征時，幾乎都隨帶六匹、八匹或更多的馬使用。從這裏可看出他們人口眾多的原因，以及供給他們豐富食物以維持生計的情況。

●驛站的乘馬銅牌　元代驛站是以路（府、州）為樞紐設置，專門傳送官方普通文書的組織是急遞舖，常用的馳驛牌符有金銀字圓牌、海青牌及舖馬聖旨等數種。

●驛使圖　中國古代的驛置是遞送文書的組織，但以傳遞緊急重要的公文為限，其傳遞方法以輕車快馬為主。此幅北魏時期的墓壁畫生動表現了古驛使的特點。左上角是以「驛使圖」為題發行的小型郵票。

在各驛站間每隔三英里的地方會有小村落，村內大約有四十戶人家，住著替皇帝陛下服役的步行信差。他們身纏腰帶，繫上數個小鈴，在他們行路時，遠方可聽見鈴響，報知驛卒即將到來。他們只需跑至三英里外的別站，響鈴聲報知他們的到來，讓下一站的信差有所準備，等人一到站，便立即接過郵包出發。這樣一站站依次傳下去，效率極其神速，只消兩天兩夜，皇帝陛下便能接到遠方的資訊，若用普通方法遞送，十天內必然不成。若遇上水果採收的季節，早晨在汗八里採下的果子，第二天晚上便能運至十日路程外的上都，獻給大可

●雞鳴驛

雞鳴驛始建於元代。西元1219年，成吉思汗率兵西征，在通往西域的大道上開闢驛路，設置「站赤」(即驛站)。至明朝永樂十八年（西元1420年），雞鳴驛擴建為宣化府進京師的第一大站，城內設有驛丞署、驛倉、把總署、公館院、馬號等建築。

汗。

在每隔約三英里的驛站裏都有一名書記官，負責紀錄信差抵達和出發的日期時間，全國各驛站都設有這官職。此外還派出官員每月巡視，督察各驛站的管理情況，懲處失職的信差。所有的信差除了免交捐稅的優惠外，還能得到皇帝陛下的犒賞。

驛馬由鄰近城鎮和村落負責供給，驛站不必直接負責驛馬的開銷費用。

●驛票

中國發達的驛站令馬可波羅驚訝。這是西方畫家描繪的馬可波羅手拿驛票進入皇宮的情景。

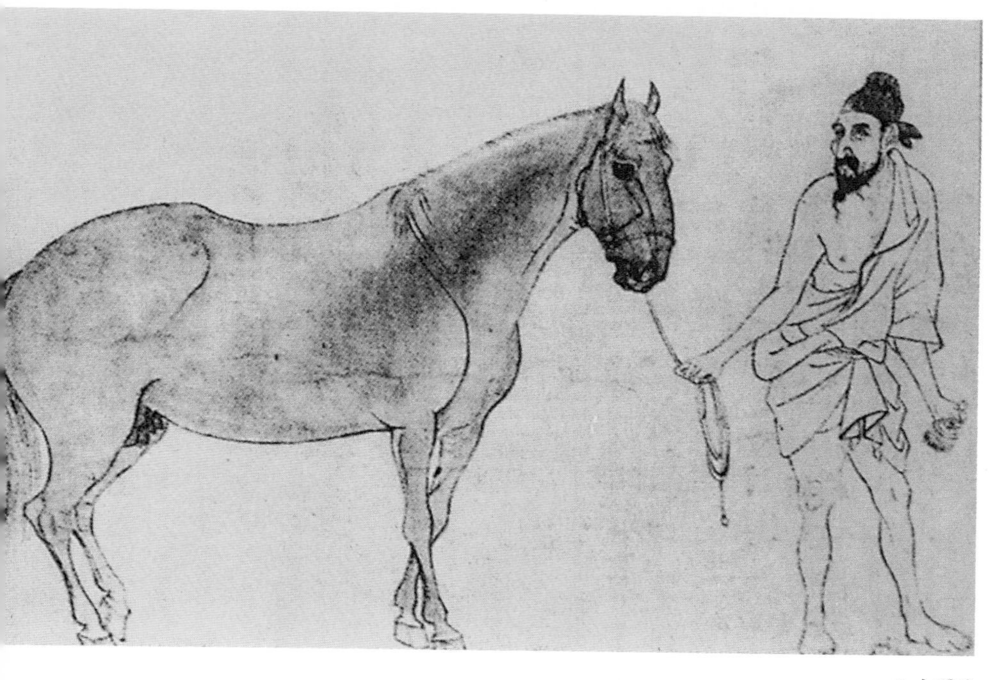

● 古驛使

根據皇帝陛下的命令，各城市長官必須派遣專人去調查居民能提供的馬匹數目，並推行至各城鎮和村落。他們依照居民的財力強行征派，凡居住在驛站附近的人，都應捐助適當份額。供養馬匹的費用後來改由各城市上繳給大汗的歲入中扣除。

重要的是，這四百匹馬並不是都同在驛站內服役。只有兩百匹放在站上供差一個月，其餘兩百匹在草場上畜養。每逢初一，畜養精壯的馬會送到驛站，役畢之馬放回牧場休養。驛馬就是這樣輪流替換使用。

若遇有步行信差或驛卒必經的河流或湖沼，附近城鎮須準備三四條小船，以便差役隨時乘渡。如遇上數日無人煙的沙漠，荒原邊界上的城市必須供給馬匹和食物給往來的專使和隨從，使他們能順利穿越沙漠。朝廷對這樣的城市會給予固定的報酬補給。至於離大道遙遠的驛站，它們使用的馬匹一部分屬於皇家，一部分則由該地區的城市及市鎮供給。

● 元代驛站戳

元代已在全國各地設立了大量驛站，並開始使用驛站戳記。其戳呈方形，楷書落款，小篆正文。此為已知最早的元代驛站戳，上刻「常樂蘸印」四字。

如果某處發生動亂、首領造反，或有其他重大事件需要火速傳遞消息，驛卒們一日可飛馳兩百英里，有時甚至可跑上兩百五十英里。在這時刻他們身帶一塊隼牌，作為緊急通行的牌示。如果是兩個驛卒搭檔，他們便在同一地點乘快馬啟程。他們束緊衣服，纏上頭巾，揮鞭策馬以最快的速度馬不停蹄地前進，直至約二十四英里遠的驛站為止，隨即換上兩匹已準備好的健馬，毫不歇息地趕路。就這樣一站一站地換馬前進，直至日落為止可以跑上兩百五十英里的路程。

在萬分緊急關頭也會在夜間策馬趕路。如果沒有月光，就由徒步者持燈，一路小跑步在前頭開路。因為提燈徒步的速度有限，不能像白天那般快速行進。能經受這極度勞動的信差，會倍受人們敬重愛戴。

現在轉過一個話題，要跟你們談談大汗每年舉辦兩次大捐款的義舉。

● 敦煌壁畫：宋國夫人出行圖

隋唐的文書一般是囊封，也有函封或用竹筒封裝，運遞人員把它裝進身背的口袋內進行傳遞。著名敦煌壁畫「宋國夫人行圖」就是一幅描繪驛使背著信袋運送書信的珍貴壁畫。

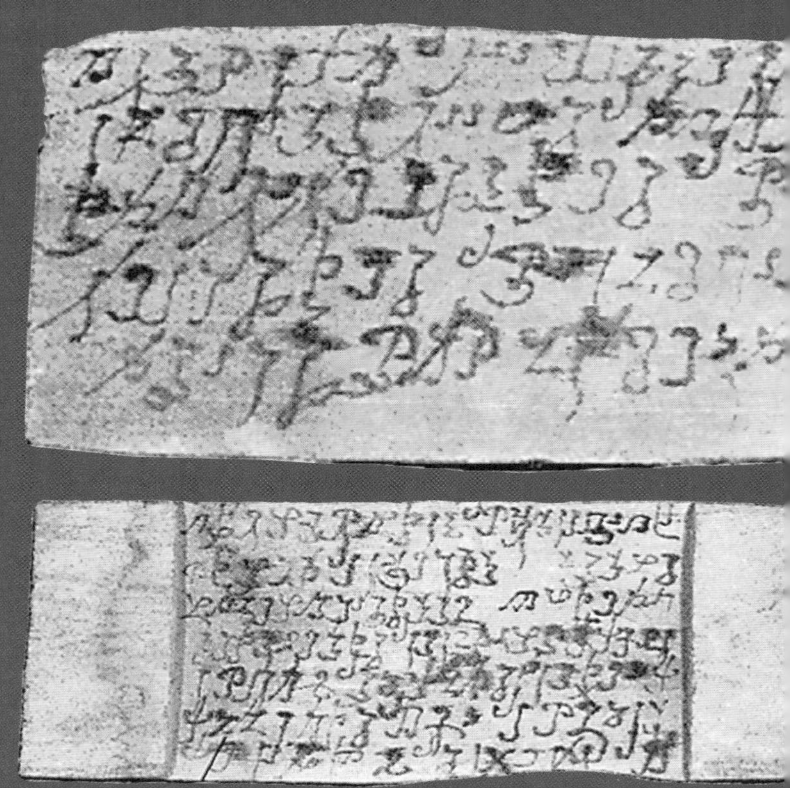

● 古信函及函牘

這是南北朝時期用佉盧文書寫的信函及函牘。信函由上下兩片木牘合成，兩牘中間用三道繩槽和封泥槽連接，可見在元朝之前，中國郵路已經暢通。

帝國各省的饑荒和救濟

大汗每年要派遣使者到全國各地巡視，體察臣民的莊稼是否由於惡劣的氣候、風雨的侵襲，或蝗蟲和其他天災侵害造成歉收。如果有出現這些災禍，大汗不但免除他們當年應納的賦稅，並且從皇家倉庫裏拿出足夠的穀物賑濟，提供人民口糧和種子。

為了救濟災難之年，大汗在大豐之年特令各省大量購買百姓最合用的穀物，分別儲藏在幾個省份的皇家御倉裏。穀物的收藏和保管十分周全謹慎，即使囤積三四年也不會發黴腐爛。根據大汗的命令，皇家倉庫要終年倉廩充實，以保證荒年之需。如果遇上荒年，穀物的賣出價格僅等於市場價格的四分之三；如果有任何地區的牲畜大量死亡，大汗就把從別省徵收來的什一稅（租用公田的庶民要繳納百分之十的實物地租）作為損失者的補償。什一稅原本該屬於大汗，可見大汗的心思傾注在他的人民身上，使人民能夠謀生、增進產業。大汗還有個不容忽略的特點：如果馬群、羊群或大小家畜群遭遇雷擊，不論牠們是屬於一人或多人的財產，也不論牲群數目多寡，大汗會豁免其什一稅三年。如果貨船遭到雷擊，也同樣免除其關稅。據說大汗認為雷擊事故乃不祥預兆。他說，上帝已譴責了物主，他不願意讓神譴的財產進入皇家倉庫。

●《牛耕圖》反映了當時的農耕活動。

大道兩旁的植樹

境內所有要道上都得種植大樹，每樹間隔距離兩三步。植樹的目的是為了指示道路所在，使旅人不致迷路。在沙漠和岩石地帶無法種植大樹，便會在路旁堆置標柱，以標示行進方向。各地方官吏要負責維護道路狀況。大汗這麼樂衷於種植樹木，是因為星占者告訴他，愛植樹者必定長壽。

●**敖包**
草原上沒有道路，難以辨認方向，人們便疊石成堆，當作路標和界線。蒙古語為「堆子」的意思。

契丹省的酒和黑色石塊

契丹省大部分居民飲用以米加上各種香料和藥材釀製的酒，味道醇美芳香，其他酒類都不能及。此酒清香撲鼻，甘醇爽口，溫熱之後較其他酒更容易醉。

●**契丹人使用的杯盞和果盤**

契丹省全境有一種黑色石塊（煤）。它掘自礦山，在地下呈脈狀延伸。燃燒的效力和木炭一樣，火焰卻比木炭旺盛，甚至可從夜晚燃燒到天明。這種石塊平時並不著火，除非先將小塊點燃，一旦著火，就會發出巨大火力。

從遼墓中挖掘出的契丹用具中，可以看出當時草原文明的生活方式。

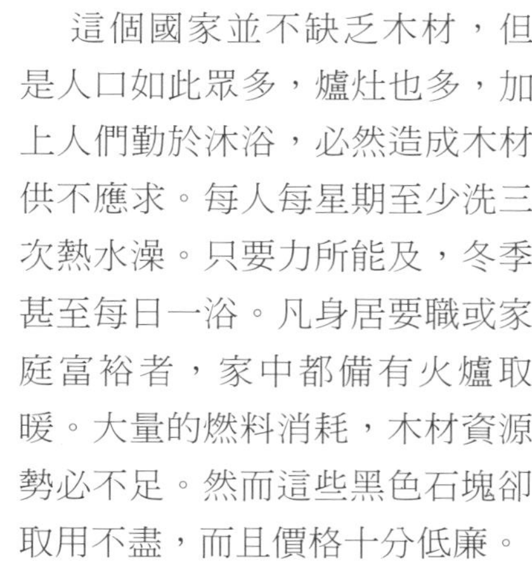

這個國家並不缺乏木材，但是人口如此眾多，爐灶也多，加上人們勤於沐浴，必然造成木材供不應求。每人每星期至少洗三次熱水澡。只要力所能及，冬季甚至每日一浴。凡身居要職或家庭富裕者，家中都備有火爐取暖。大量的燃料消耗，木材資源勢必不足。然而這些黑色石塊卻取用不盡，而且價格十分低廉。

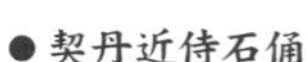

● 契丹近侍石俑

按遼制，有財富的庶人或衙役無官職者不能帶冠幘。這尊青砂岩雕成的契丹髡髮男俑態度恭順，應是貴族近侍。

大汗對貧民的慷慨佈施

前面已經提過，皇帝在物價高漲時會對百姓發放大量積穀。現在將描述他對汗八里城貧民的賑濟情況。

凡是有家庭因不幸遭遇而由富裕陷入貧困，或有人民因孱弱衰老無法謀生、不能取得食物者，大汗每年都會供應他們必須的消費品。這部分經費由一批官吏專職管理，接受救濟的人得在規定期限內對這些官吏出示證書，上面載明前一年度領到的救濟數量，即可領到與上年度相等的物品。

大汗提取自己所得的羊皮、絲綢和大麻的什一稅，用來供給貧民衣服。他命人將這些材料在皇家工廠中織成各式布料。每位工匠按規定每週在皇家工廠做一天工，作為義務服役。織成的布料被裁製成衣服，施捨給上述的貧困家庭，使他們冬夏衣物不虞缺乏。大汗又為軍隊備辦軍衣，每個城市都要為軍隊織造大量羊毛衣料。這一切費用都由當地徵收的什一稅支付。

● 西藏壁畫：佈施圖

佈施是指世人提供食物給佛門，但它還分為用物質財富進行的財佈施、用佛法進行的法佈施，和救眾生於危難之中的無畏施三種情況。此壁畫出自西藏，圖上方一名女子正給僧人佈施食物，僧人捧缽接食，是典型的宗教式佈施。而大可汗對百姓的佈施則又顯得非比尋常。

● 契丹人生活場景：卓歇圖

善於畫馬的胡環是遼代享有盛名的大畫家，他的代表作品在中國畫史上被列為「神品」，其中以「卓歇圖」最為著名。這是一幅描寫契丹族狩獵生活的作品。場面遼闊，人物眾多，個個深刻傳神，畫面十分壯觀。全畫分三大段，第一、二段主要畫狩獵歸來時人馬嘈雜的場面，及騎士們下鞍牽馬準備休息時互相交談的情景。

汗八里城的星占學家

在汗八里城的基督徒、撒拉遜人和契丹人中，約有五千名星占學家和占卜家。他們的衣食由大汗供給，正如大汗救濟窮苦家庭一樣。這些人把精力花在法術研究上，不從事其他行業。

他們有自己的觀象儀，上面畫有星宿符號、時間和全年各方位。各派星占學家每年要勘查自己的圖表，以便確定天體運行的軌道和相互位置。他們藉由各星宿在軌道上的運行推算天氣變化，並預測每月氣象。例如他們預言某月將有雷鳴、暴風雨、地震，某月將有閃電和暴雨襲擊，某月將有疾病、死亡、戰爭、衝突和陰謀等。

當星占學家在觀象儀上發現某事件的跡象時，便會宣告該事件將要降臨，而且總會補充說：上帝會根據祂的意願隨意增減事件的效應。星占學家把每年的預言寫在一塊正方形小木牌上，以一塊一銀幣的價格出售。預言準確者，會得到人們的尊敬。

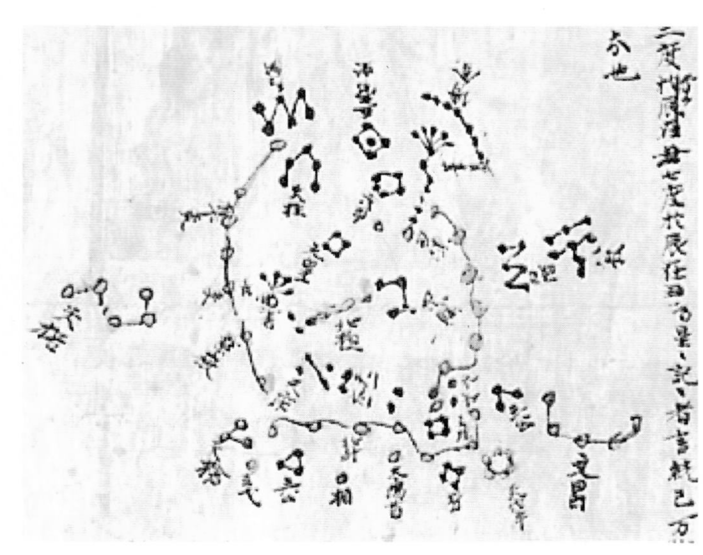

●繪製的星象圖

中國算是古代天文星象學研究最發達的國家，《甘石星經》對北斗七星的觀察有案可稽。當道教形成後，天空的星宿都被人為神化，北斗七星遂成為華夏神族的一份子。圖為中國古代繪製的星象圖。

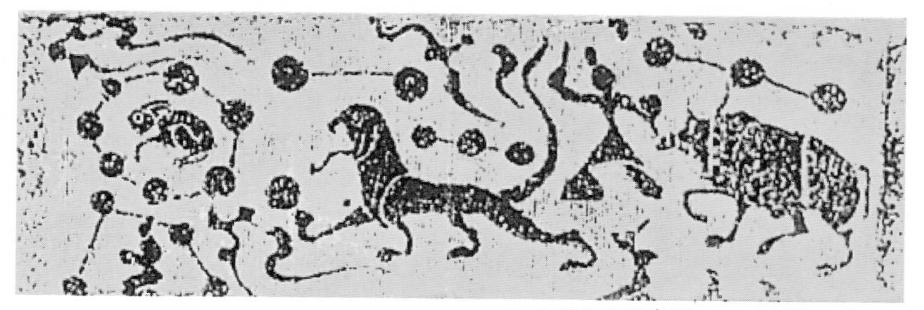

●石頭上的星象圖：人、動物、宇宙的神奇組合

如果胸懷大志想做一番事業，或者千里跋涉經商，或擬就大展鴻圖計畫，希望知道未來成敗的人，便會求教於星占學家詢問天意。後者在答覆問題之前會要求他先道出自己的生辰。星占學家會依照問卜者的誕生天象，和其所問之時間天體方位做觀察比較，依此判斷問

●遼天象圖壁畫神秘莫測

●古天象圖向人們傳達元代以前的星體密碼

卜者所問之事是否順利。

大家應該注意，韃靼人計算時間以十二年為一週期：第一年為獅年，第二年為牛，第三年為龍，第四年稱為犬。這樣按年命名，直到十二年全部列完為止。所以當逢被問及出生年與時辰，他們總是回答說生於獅年某日某時某刻。這些時刻都由父母親詳細記載在本子上。當十二年週期輪完後，再回到第一年計算，如此周而復始，不斷延續。

●神化的星體

歐洲人通過星象學研究，提出黃道十二宮和寶石間的關係，每一宮代表一種特定時間，各有一種寶石與之對應，至今這一風俗仍在西方國家及基督教徒間流行。圖為被西方人神化的星體。

韃靼人的宗教和風俗

前面已經說過，韃靼人都是偶像崇拜者，每人都有一個神牌位，將它放置在房間牆壁高處。牌上寫著天上最高神明的名字。他們每天焚香禮拜，雙手合十高舉，然後拜倒在地，叩頭三次，祈求神明賜給他們智慧和健康，除此之外別無所求。在天神牌位下，地上還供一偶像叫做納蒂蓋，他們認為納蒂蓋是掌管地上一切財產與收穫之神。他們替納蒂蓋配上妻子兒女，也對他焚香、作揖、叩頭，祈求風調雨順、五穀豐登、添丁發財。

●雕刻精美的圖騰柱

圖騰是原始人迷信某種動物或自然物與其氏族有血緣關係，因此用來做氏族的徽章或標誌。中國清代學者嚴復於1903年翻譯英國學者甄克思的《社會通詮》一書時，首次把「圖騰」一詞引入中國。嚴復在按語中指出，中國古代有與澳大利亞人和印第安人相似的圖騰，並認為運用圖騰解釋神話、古典記載及民俗民風，往往可獲得舉一反三之功。

韃靼人相信靈魂不滅。當一個人死去，他的靈魂立即會轉世投胎，轉生會視其生前善惡而有優劣之別。如果他是個窮人，但行為高尚有禮，那麼他第一次會投胎入體面的婦人腹中，出生後變為體面之人。第二次投生於貴人家中，變成一名貴族。照這樣在出生等級上步步高昇，直到與神匯合。反之，如果他是個體面人家的子弟，但其行為惡劣，那麼下一世會變成賤人之子，最終降為一條狗，並且繼續下降。

所有等級人民朝覲皇帝陛下時應遵守的規章制度如下：當他們走近距皇帝所在地還有半英里路時，為了表示對皇上的敬意，態度應卑恭肅穆，不可喧嘩。臣下蒞

朝時皆攜帶一個吐痰用的小器皿，當皇帝坐在大殿上時，誰也不敢吐痰在地。朝覲禮畢後，皇帝會開筵慶祝。凡參加朝覲的人，按習慣必須帶一雙白皮製的精緻短統靴。為了不要弄髒殿上金銀彩繡的地氈，在他們步入大殿前，必脫下走過路的短統靴交給僕人保管，然後換上白皮短統靴，方才進入大殿。

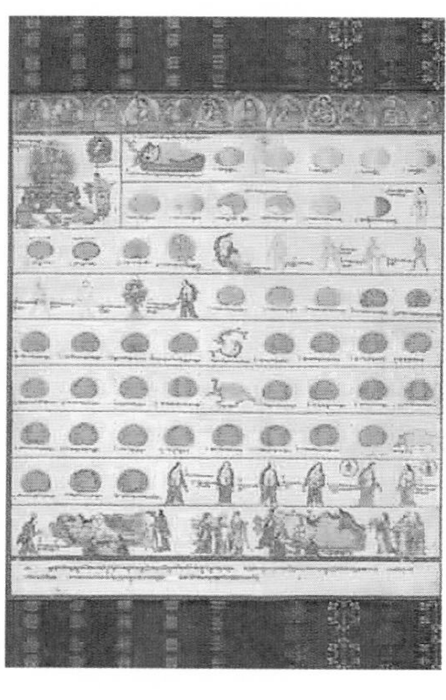

●布畫唐卡：胚胎發育圖

藏醫經典《四部醫典》系列掛圖是在西元十七世紀由第巴桑結嘉措主持繪製而成，掛圖由八十幅唐卡構成。「胚胎發育圖」是《四部醫典》系列掛圖唐卡的第五幅，很多人把它想像成具有神秘意味的人類轉世投胎輪迴圖。

●靈魂的重量

古埃及「死者之書」收集了死者到另一個世界繼續生活下去的巫術咒語。死者被帶進仲裁大廳內，豺神將死者的心臟放到天平的秤盤上，另一個秤盤擺著代表「真理」的羽毛。中間站立者為死神阿努比，會替死者打開死亡之路，祂通常站在天秤旁監督審判。最右側負責記錄的是月神索斯，祂主管科學、文學、智慧與發明。

永定河和橋樑

大汗曾派遣馬可波羅出任專使。他離開汗八里，西行整整四個月。現在將告訴你們他在往返途中的見聞。

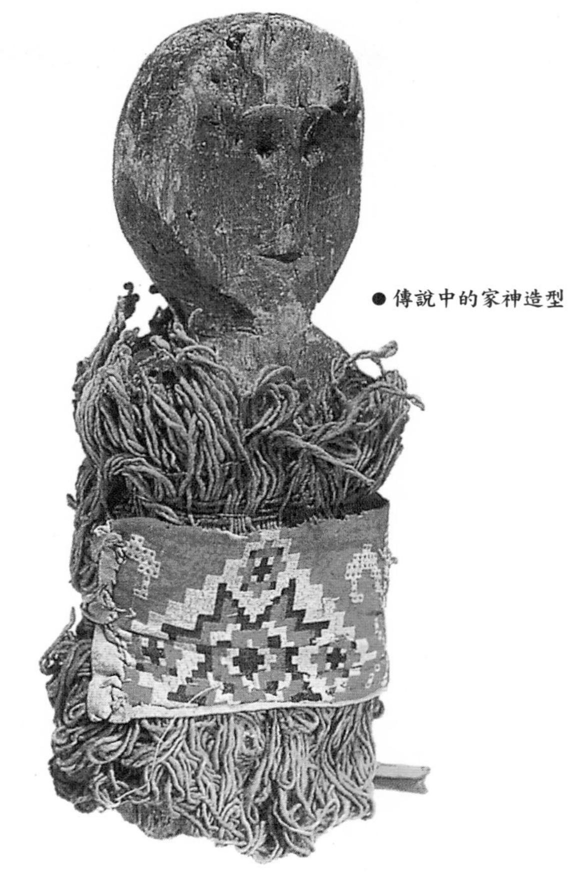

●傳說中的家神造型

離開都城西行十英里會抵達永定河（即白利桑乾河），河流蜿蜒流入大海，河上舟楫往來，船帆如織，運載著大批商品。河上架有一座美麗石橋，也許是世界上無與倫比的大石橋。橋長三百步，寬八步，十人騎馬並肩而行也不會感到狹窄不便。橋上有二十四道拱門，由二十五座橋墩支立，拱門用石頭堆砌成弧形，顯示高超的造橋技術。

橋身兩側各有一道大理石石板和石柱建成的護牆，造型奇佳。引橋部分有道斜坡比橋面略寬，一到坡頂，橋兩側便呈直線平行伸展。橋拱頂上有個高大石柱，聳立在大理石龜的雕像上，靠近柱腳處有座大獅子像，柱頂上也有一頭獅子。橋面斜坡上有另一座石獅柱，與前一個柱子相距一步半。橋上各石柱間都嵌上大理石板，鐫刻精巧，使整座橋氣貫如虹，蔚為壯觀。護牆是為了防止過往旅客失足落水而設。

●蘆溝橋運筏圖

●永定河上的蘆溝橋

馬可波羅把蘆溝橋叫做「普利桑根」，可能是波斯語「石橋」的意思，也可能是漢語和波斯語的混合語。始建於1189年，成於1192年，後又分別於1444年和1698年修建。蘆溝橋是著名的「燕京八景」之一，因為馬可波羅的介紹，也稱被為「馬可波羅橋」。

涿州城

過了這座橋西行三十英里，經過一處遍地葡萄園、肥沃富饒的土地，壯麗的建築物鱗次櫛比，然後抵達一座美麗的大城市名叫哥薩（涿州），那裏有許多佛教寺院。

居民大多以商業和手工業為生。他們製造金線織物和一種最美的綾羅。那裏還有許多客棧供旅客食宿。

● 涿州民間戲曲：狄青奪印西征

離城一英里的地方有個大路交岔口：一條向西，一條向東南。向西的路經過契丹省，向東南的路直指蠻子省（蓋指金、宋之舊境）。從涿洲啟程，經過契丹省到達太原府共有十天的行程，沿途會經過美麗的城市和要塞。這一帶的製造業和商業發達興盛，還可以看到許多葡萄園和耕地。契丹省內不產葡萄，所以契丹的葡萄都來自於此。本地還有許多桑樹，桑葉供居民養蠶，生產大量蠶絲。由於這個國家的居民和周圍城鎮來往頻繁，彼此文化交流廣泛。商人們在這些城鎮間不斷穿梭往返，每逢各市鎮的集日，他們就把自己的貨物運往該城鎮銷售。

太原府國

●雲崗石窟：太子像

●雲崗石窟：飛天像

雲崗石窟在大同西邊，是中國古代藝術的瑰寶，有人把它喻為東方的羅馬石雕。此石窟開鑿於北魏和平年間，雕刻的題材內容都與佛教有關。然而馬可波羅在遊記中並未提及雲崗石窟，只說到太原府和大同，似乎有意給人留下一個謎團。

●雲崗石窟：供養天像

除前面說及的十日行程外，再走五日便可到達一座宏偉美麗的城市，名叫大同。大汗狩獵的範圍一直擴展至此，在這範圍內除了皇家王公和在大鷹師處註冊的人外，無人敢妄自狩獵，在劃定範圍之外才可以自由行獵。

但是大汗很少來這一帶遊獵。許多野獸，特別是野兔在此大量繁殖，有時甚至會破壞省內生長的穀物。大汗得知這消息後便會率領整個宮廷人馬前來，狩獵豐碩後歸去。

這裏商業十分發達，能製造各式物品，尤其是武器和軍需品最為出名，製作出的軍械專供皇家軍隊使用。當地葡萄園數目眾多，葡萄產量非常高，其他水果的產量也很豐盛。由於大量種植桑樹，養蠶業極為發達。

離開太原府再西行七天，會經過一個美麗的地區，這裏有許多城市和要塞，商業和製造業發達。這一帶的商人遍及全國各地，獲取巨額的利潤。經過這個區域會抵達一個重要大城，名叫平陽府（今山西臨汾），城內同樣有許多商人和手工藝匠。當地盛產絲。

在繼續介紹著名城市開昌府之前，得先談談太津的宏偉城堡。

太津堡與金王

在平陽府西面有座美麗的大要塞，名為太津（吉州），據說過去由一位名叫金王的君主所建。要塞城牆內有座寬敞且金碧輝煌的宮殿，殿中陳列統治城堡的歷代知名王公畫像，構成富麗堂皇的展覽殿堂。

關於金王的來歷有個故事：他是個很有權勢的君主，內宮收有大批美貌非凡的女子終日伺候他。當他要到王宮各處遊玩時，他就乘坐在車上，由這班女子拖車。由於車身小巧玲瓏，她們可以勝任。這些女子專門服侍他，任由金王為所欲為。金王治國恩威並施，威權遍及全境。

●金王的畫像

據當地人說，太津城堡非常堅固。但由於金王是長老約翰的封臣，妄自尊大背叛了長老。金王的要塞堅固，約翰長老無法強行征討。後來長老的隨員中，有十七名騎士自願生擒金王。長老約翰讚許他們，並答應事成後給予重賞。

於是他們告辭了長老約翰，投入金王的陣營，並說明他們來自遠方國家，願為金王效勞。他們在服役期間履行職務，能幹而勤勉，得到新主人的賞識和恩寵。

馬可波羅想像中的金王城堡，明顯賦予了中世紀歐洲城堡的特色。

有天金王出遊行獵，

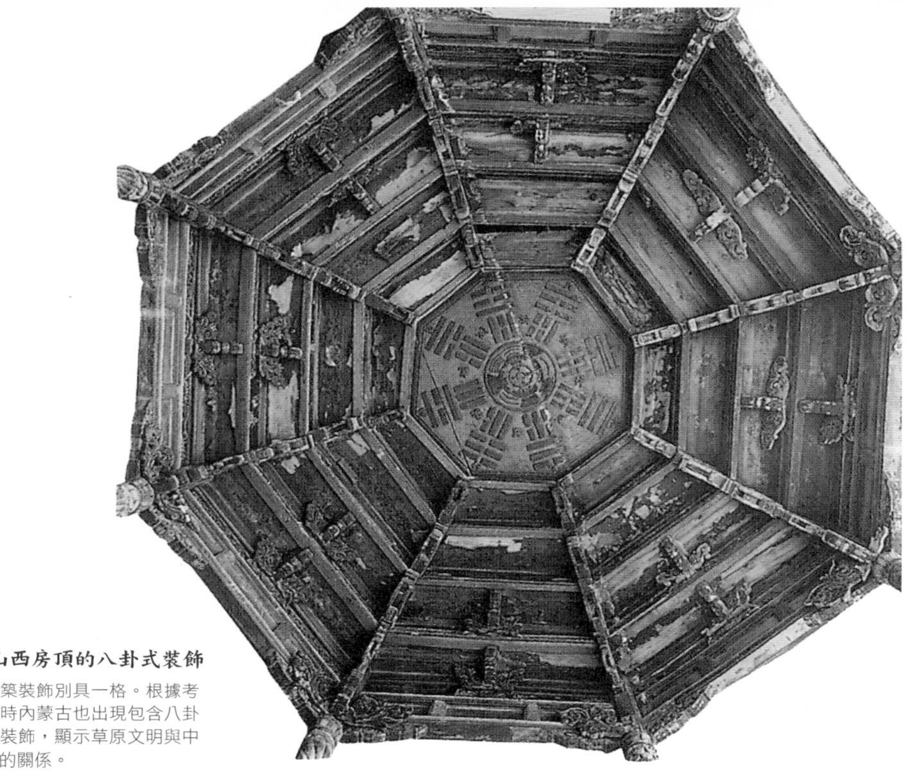

● 古山西房頂的八卦式裝飾

這種建築裝飾別具一格。根據考證，遼時內蒙古也出現包含八卦意味的裝飾，顯示草原文明與中原文明的關係。

渡河時離開自己的隨從。這些騎士見時機已到，遂拔出劍來將他圍住，強行帶他到長老約翰的領土內。金王得不到任何救援，只好任由擺佈。

● 平陽府內城隍廟的磚雕

當金王被押解到長老約翰的王都時，長老下令給他穿上最卑賤的衣服，為了侮辱他，便發配他去看管家畜。

金王在看守牲畜中渡過兩年時光，他始終被嚴密監視著無法遁逃。刑期滿時，長老約翰召之前來，金王自認將性命難保。長老約翰在警告他不得再驕傲狂妄後將他赦免，並讓他改穿君主服飾，體面地護送他回國。從那時起，金王一直忠貞不二，奉長老約翰為主。以上是人們跟我敘述的金王軼事。

美麗遼闊的黃河

離開太津要塞向西走二十英里，來到黃河邊。其河面之寬，河水之深，實在無法在河上架起堅固橋樑。河水滾滾東流注入大海，兩岸有許多城市和城堡，裏面住著大批商人，貿易活動熱絡，鄰河區域盛產生薑和大量的絲綢。

這裏飛禽多到令人難以置信，尤其是雉雞，一個威尼斯銀幣可以買到三隻。此外還生產一種大竹，數量極多。有些竹子徑圍一英尺，有些達到一英尺半，當地居民能將竹子充作各種用途。

過河後再走三日會到達開昌府，居民都是佛教徒，多從事貿易經營，以及各種製造業。這一帶盛產絲、生薑和多種藥材，這些藥材對我國而言完全陌生。他們也編織金線織物和各種絲織品。下面將談及西安府（今西安）內著名的西安府城。

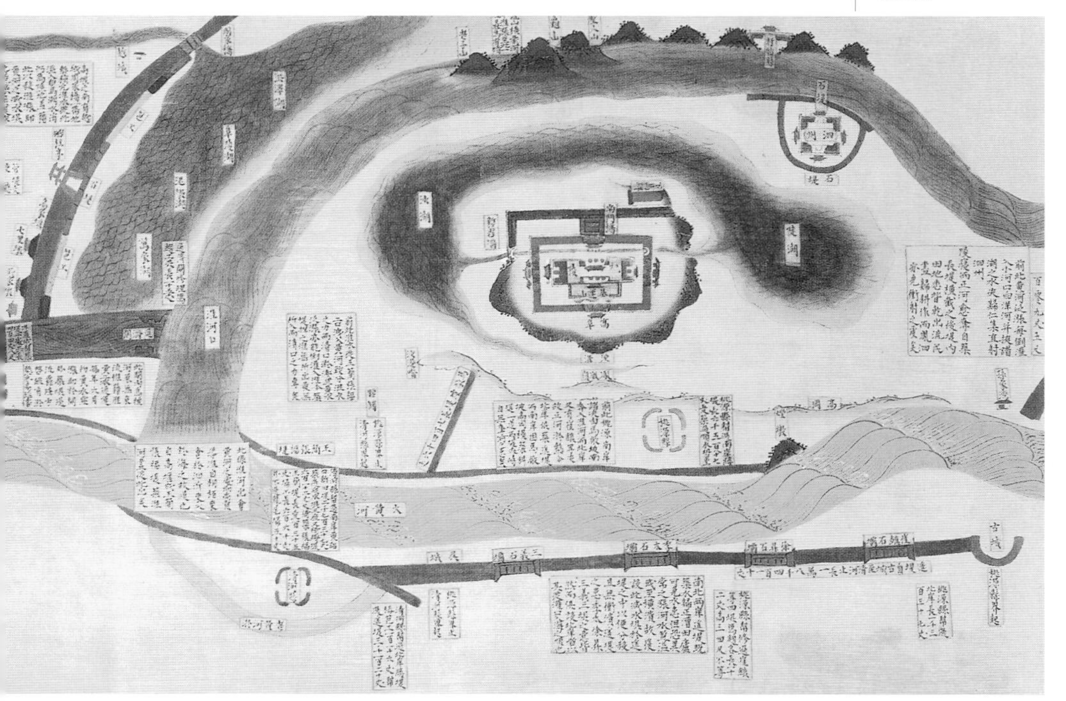

●黃河築堤圖景

黃河古稱河，或濁河，被認為是有害之河。曾在宋元明清時六次大改道，元代和清代中央皇朝曾多次派專使考察黃河。

西安府

經過八個驛站後到達西安府。西安原是個幅員遼闊的古代大國首府，許多世襲君王的長駐地，以製造兵器聞名。現在這座城市由大汗的兒子忙哥剌管轄。

西安是個大商業區，以製造業聞名遐邇。盛產絲、金線織物和其他品種的絲綢，並且還製造各種軍需品，食品業也很豐富，而且售價適中。居民大部分是佛教徒，也有一些基督徒、土庫曼族人和撒拉遜人。

離這座城市約五英里外的平原上，有座忙哥剌王的華麗王宮。王宮內外有許多泉源和小溪，還有個瑰麗花園，四圍高牆環繞，上面築有牆垛，方圓五英里，園中馴養著各類飛禽走獸，供王族盡情娛樂。王宮構造整齊勻稱，堂皇華麗甚為罕見。宮中有許多大理石砌成的殿堂和樓閣，裝飾以圖畫、金箔，並搭配美麗的天青色。忙哥剌王繼承父志，事事效仿，以公平的手腕治理國家，得到人民的敬仰和愛戴。他也嗜好打獵和放鷹。

● 古西安八景圖詩之一：霸柳風雪

春秋時間，秦穆公稱霸西戎，將滋水改為灞水，並修橋稱為「灞橋」。唐朝時在灞橋上設立驛站，凡送別親人與好友東去，多在這裡分手，並折柳相贈，因此古時有人將此橋叫「銷魂橋」，民間也流傳著「年年傷別，灞橋風雪」的詞句。

● 古西安八景圖詩之二：太白踏雪圖

太白是指太白山，乃秦嶺山脈的主峰。《水經注》載：「漢武帝時，已有太白山神祠，其神名谷春，是列仙傳中人。」太白山巔有四個高山湖泊，池水清澈，深不可測。由於山高雲淡、空氣稀薄、氣候寒冷，終年積雪不化，景致格外壯麗，故有「太白踏雪」之說。

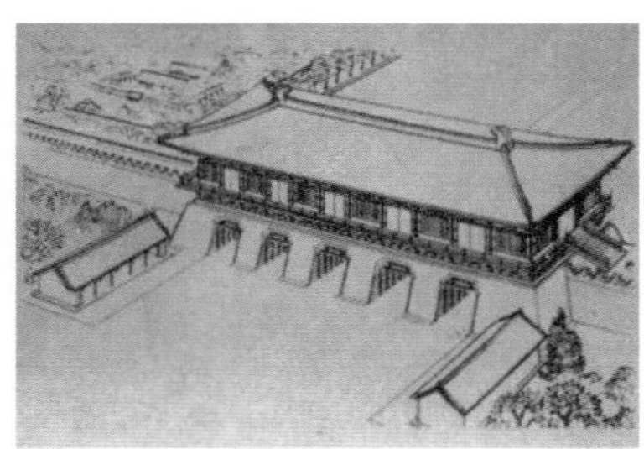

● 唐西安城明德門復原圖

●陝西半坡彩陶鹿紋盒

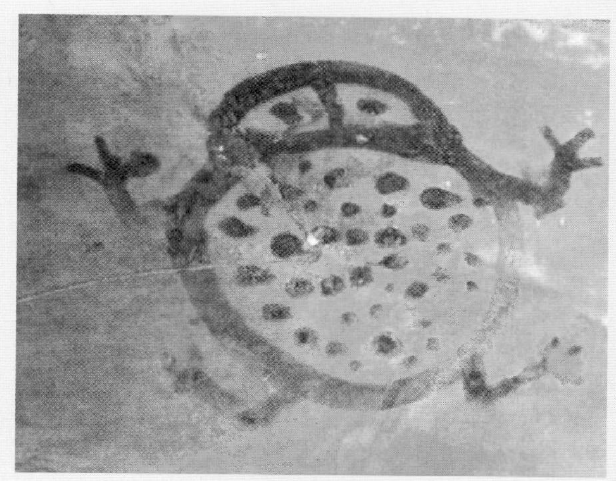

●半坡彩陶蛙紋

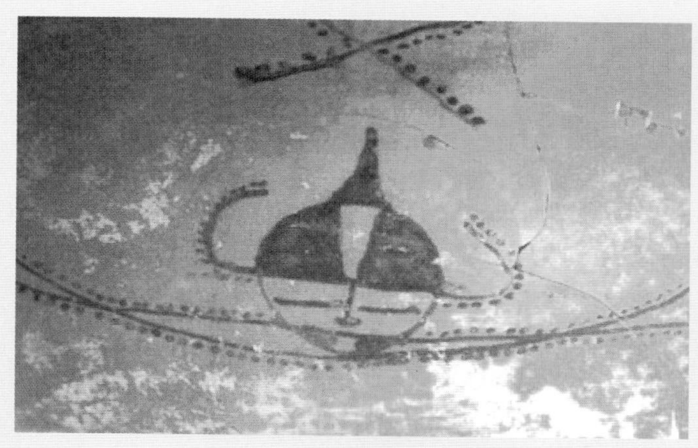

●半坡彩繪蟲紋

● **玄宗西逃入蜀圖**

唐玄宗天寶十四年爆發安史之亂，次年唐玄宗西逃至馬嵬坡時，六軍不肯前行，謂楊國忠通于胡人，而有安祿山之反，玄宗便令殺國忠。然六軍仍不肯前行，謂楊國忠為貴妃堂兄，堂兄有罪，堂妹亦難免，玄宗無奈，只好賜貴妃自縊。隨後玄宗避難奔蜀。

● **杜甫像**

西元759年12月，杜甫為躲避安史之亂，從長安流亡到成都，次年三月在浣花溪畔建成茅屋一座，就是現在的「杜甫草堂」。杜甫在草堂居住了三年零九個月。

● **唐玄宗像**

成都府和沱江

向西穿山越嶺，走過二十個驛站路程後，來到蠻子省境內的一片平原，隸屬於成都府。省城是座壯麗的大城，也叫做成都。傳說古往今來有許多名人都曾在成都居住，從前還是許多財勢君王的駐蹕地。全城方圓二十英里，但現在該城則按下列方式劃分。

已故的老國王有三個兒子，他希望三個兒子在他死後都能執政，所以將全城分作三個區域。整座城市雖然用一座城牆，但內部用分牆隔開。

三兄弟都成了君王。他們父親的疆土原本極為遼闊肥沃，所以他們各分得一份相當廣大的土地。自從大汗征服這座城池後，廢黜了三位君王，並將他們的財產收歸已有。

城內有許多大小河川，都發源於遠處的高山，河水從不同方向圍繞穿越這座大城，供給城市用水。有些河寬達半英里，有些寬兩百步，川流甚深。市內有座大橋橫跨其中一條河上，橋兩端各有一排大理石橋柱支撐橋頂。橋頂是木質結構，以紅色圖畫裝飾，上面鋪有瓦片。整座橋上排列著整齊的房間和店鋪，其中有幢較大的建築物是收稅官吏的住房，凡經過這座橋的人都要繳納通行稅。據說這座橋每日可收益一百枚拜占庭金幣。

大川細流和城下各條支流匯合成

沱江。江水東流入海，全線航行要一百天。沿河兩畔和鄰近地方有許多市鎮和要塞，河中舟楫如蟻，船上運載大宗的商品往來於成都。這個省的居民信奉佛教。

離開成都後，一半沿著平原，一半穿越山谷，五個驛站的路途間可以看到許多豪宅、城堡和小鎮。居民多務農，城中以製造業為盛，尤其能紡製精美的布匹、縐紗或綾綢。這個地方是獅、熊等野獸麇集之處。五日行程結束後，就到達西藏的荒原地帶。

●楊貴妃上馬圖

●古成都風俗圖

成都自西元前310年築成土城後，在歷史上曾先後七次成為帝王之都，共歷一百四十八年。西漢末年，公孫述在成都稱帝（自稱白帝），國號「成家」，年號「龍興」。東漢末年，劉備在成都稱帝，國號漢（史稱蜀漢），年號章武。後其子劉禪即位。西晉到東晉的時候，由今陝西略陽侵入四川的巴西氐人李雄，於西晉太安二年(303年)攻取成都，次年自稱成都王，年號建興。前蜀開國之君王建在年屆花甲之時稱帝成都，國號蜀（前蜀）。後其子王衍即位。後唐李存勖於西元934年初在成都稱帝，國號蜀（後蜀）。北宋茶農王小波之妻弟李順在成都建立「大蜀」政權。明末清初張獻忠於西元1644年率農民起義軍攻占成都，建國號大西，改元大順，自稱大西王。

●沱江經過美麗的鳳凰城

吐蕃省

當蒙哥汗打到西藏省的時候，當地舉目荒涼，二十天的路程內只看得見荒廢的城鎮。由於人煙稀少，野獸游弈不定，尤其是老虎經常成群結隊出沒，商旅的夜間安全堪慮。

商旅們不僅必須隨身攜帶食物，而且一到達投宿地就得採取以下防禦手段，免得馬匹受野獸襲擊。在這個地區，特別是在各河流鄰近地帶生長許多竹子，高約十步，徑圍長三掌尺，竹節間也相距三掌尺。旅行者把幾根青竹綁在一起，置於宿營地四周。待到夜幕降臨時點火燒青竹，熱氣使竹節爆裂，爆炸聲響可達兩英里外。附近的野獸聽見這聲音，會嚇得紛紛逃逸。商人們得備有腳鐐鎖住馬腿，因為馬聽到爆炸聲，會嚇得脫韁而逃。許多人由於疏忽，沒有採取預防措施，結果丟失了自己的牲畜。

元朝時青白釉觀音像在西藏很流行。

就這樣騎行二十天，沿路一片荒蕪，既沒有客棧，也找不到食物，也許有三或四天能找到機會補充食物。等到二十天路程結束，才開始見到城堡和設防的城鎮建築在山岩高處或山巔上。自此才逐漸進入人煙和耕作區，不再有猛獸襲擊的危險。

這個地區的人民不願意娶童貞處女，反倒要娶和異性發生過肉體關係的女子。他們認為這是神所喜愛的行為，並且認為沒有情夫的女子毫無價值。

這地方出產麝，數量很多，在這一帶觸目可見，所以整個地區充滿麝香的味道。麝每月分泌一次麝香，在近臍處凝成膿腫或癤子，裡面充滿血液。麝的本地話叫加德里（gudderi），得用狗去獵取。

這地方的人不使用硬幣，也不通用大汗的紙幣，而用鹽巴作為通行貨幣。他們衣著質樸，用熟皮、生皮或帆布製成。他們使用吐蕃省的特有語言。

從前西藏是個十分重要的省分，省內劃分成八個王國，擁有許多城市和城堡，還有無數的河川、湖泊和山嶺。河中蘊藏大量沙金。珊瑚的需求量大，因為婦女們喜歡用來做項飾，或用來裝飾她們的偶像。這裏織造駝毛布和金線布，並且出產許多藥材，但都沒有銷售到我國來。

在本地人中可以找到最出色的巫師，有呼風喚雨和招引雷電的本領。他們的法術千變萬化，能幻化出許多不可思議的幻影和奇跡。

總體而言，他們是貧困的民族。他們的狗有驢子那麼大，非常強壯兇猛，可以獵取各類野獸，特別是野牛。這裏有最好的蘭列隼，還有一種薩克爾隼，飛行十分迅速，當地人經常帶著牠們打獵。

●人骨裝飾成的吉祥天母像

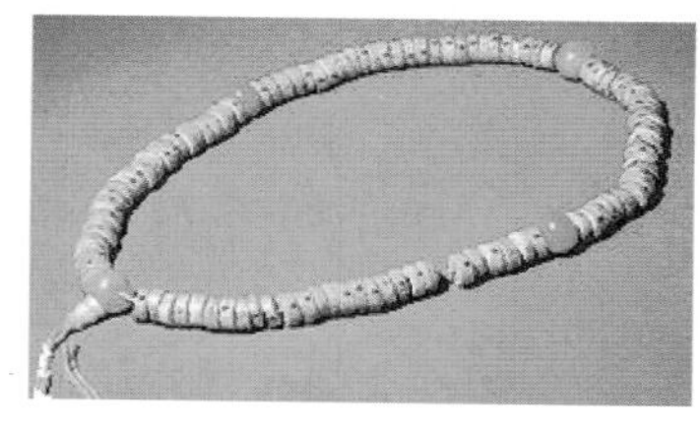
這是佛教徒念佛、法、僧三寶時記數的用具。該念珠由絲線串連一０八塊骨片而成，每塊骨各嵌四顆金銀珠，每二十七片中間又加一珊瑚珠，將念珠分為四段，形式別具一格。

●西藏唐卡：九宮八卦壇城圖

● 元代西藏八思巴文銅鏡

八思巴文是由西藏喇嘛教薩迦派首領八思巴創制的蒙古文字。1269年奉命完成八思巴文後，由忽必烈下詔頒行天下，成為元朝法定文字，並與漢字等並用。八思巴文系由藏文增損變形而成，共有四十一個字母，屬於拼音文字。在元代發行的至元通寶、大德通寶等銅錢上，均分別有漢文和八思巴文的兩種版式流傳下來。據說馬可波羅在中國學會的四種文字為：漢文、維吾爾文、八思巴文和用阿拉伯字母書寫的波斯文。

● 八思巴朝見忽必烈圖

八思巴被元始祖忽必烈尊為國師。1251年，忽必烈總領漠南軍務，在六盤山與八思巴初次見面，建立兩人在政治和宗教上的密切關係。1253年，忽必烈把八思巴迎請入上都宮殿。

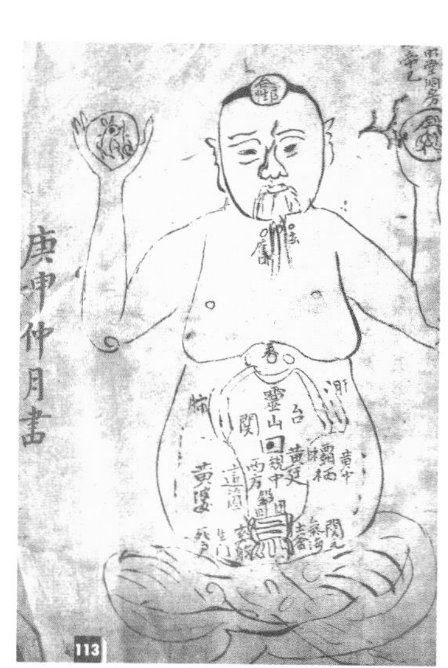

● 巫畫：明普照

巫術應是從古代藏民對自然的崇拜開始，因為大自然會給人恐懼之感，而先民對自然又有所求，除了求其佑助並對自然膜拜供養外，還要透過語言讓大自然順應自己的意志，這種構想與行動的統一表現形式就是巫術。

● 巫師作法圖

圖案中有三條龍，其一爬行在巫師的左下方，蛇頭呈黃色，身體細長，色青。巫師頭戴前為馬首後為鴿形的帽子，雙手似鳥爪，各持一巨蛇，作咆哮狀。畫面表現巫師在龍的協助下飛升天國的情景。

● 元朝時的西藏唐卡：大黑天像

大黑天為藏密的護法師，他身體為青藍色，面容猙獰，三目圓瞪，頭戴五骷髏冠，身佩人骨念珠和人頭，其六隻手臂各執兵器。據說大黑天也是戰神，禮祀此神可增威德。

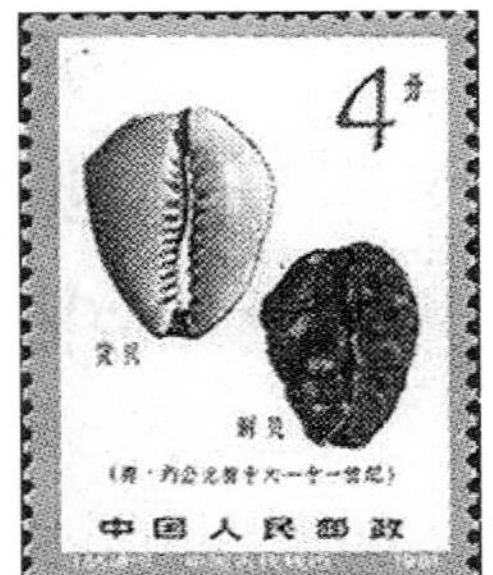

● 郵票上的貝幣

清朝以前的雲南流通貨幣即「貝幣」，以海裏撈取的一種白貝充當貨幣，八十個貝殼的價值等同一枚銀幣。最早記載雲南使用貝幣的是《新唐書・南詔傳》，該書描述了南詔「以繒帛及貝市易，貝之大若指，十六枚為一覓」。南詔國滅亡後，大理國仍以貝幣作為主要貨幣之一。這是枚中國古代錢幣的貝幣郵票。

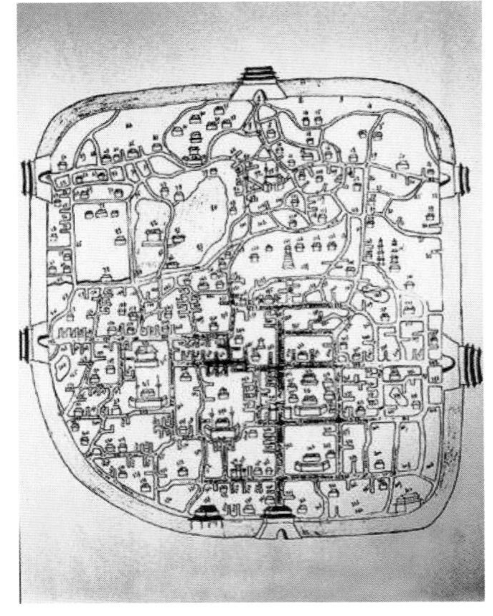

● 古雲南府地圖

雲南府城郭略圖

建都省

建都位於大汗領土的西方。從前由當地的王公統治，自從歸入大汗版圖後，就由大汗任命的長官管轄。雖說它位於亞洲西方，但並不屬於西域，只是我們從東北方向走來，建都位於路程的西部方向。

省內有許多城市和城堡。省會位於該省入口處，也名建都。建都附近有個巨大鹹水湖，湖中盛產珍珠，顏色潔白，卻不是圓形。如果大汗允許人去採集，它的價值必將變得微不足道。沒有大汗特許，任何人不得從事捕魚工作。鄰近有座山，產綠松石。沒有大汗允許，同樣也不准開採。

這地區的居民有種習俗：當生客到來，各家主人總是設法把其中一人拉到家裏來，讓他做臨時主人，自己卻離家而去。當家中留住生客時，窗檯上會放置帽子或其他物品作記號。只要記號還存在一天，丈夫便繼續外宿不歸。這習俗風行全省，目的是為了敬奉他們的偶像。他們認為對旅客這般殷勤接待，會得到神的賜福和豐厚的回報。

當地貨幣的製造方法如下：將金子製成小條，按照重量計值使用，而當地沒有鑄造的貨幣。較小的貨幣製法如下：當地有許多鹽井，他們從井中取水，放在小鍋內煮成鹽。等水沸騰一小時後變成糊狀，將其製成小餅狀，每枚價值兩便士。這種小鹽餅下平上凸，放在距火不遠的熱瓦片上烤乾變硬，每塊蓋上大汗的印記，印鑑由官吏掌管。每八十個鹽餅價值一個金薩吉。但是當商人將鹽餅運到僻野山區時，則按當地情況以及距離城市的遠近，分別用六十、五十、甚至四十個鹽餅換得一個金薩吉。

●建於元代的華亭寺

●華亭寺建築彩畫

華亭寺位於昆明西山之碧雞山華亭峰，原為宋代大理國時期鄯闡（今昆明）侯高智開別墅。西元1320年，被尊為「雲南禪宗第一祖」的雄辯法師高足玄峰法師在此處建寺，初名「大圓覺寺」，玄峰為該寺開山祖師。

這些商人也在吐蕃省各地山區活動，鹽幣在那裏也通行。因為當地居民的食物中要放鹽，食鹽必不可缺，所以商人能獲得相當大的利潤。城市居民在食物中僅使用鹽餅碎塊，整塊鹽餅則當做貨幣流通。

這裏生長大批的麝，經過大量捕捉，生產的麝香相對較多。湖中魚產豐富。這地區還有虎、熊、鹿、大鹿

和羚羊，鳥雀種類繁多。這裏的酒不是用葡萄釀造，而是用小麥和米摻以香料製成，實是上等飲品。

該省有植物類似丁香。它是一種小樹，枝葉像桂樹，只是葉片稍狹長，花白而小，如同丁香，一旦成熟便轉為暗色。這地方還盛產生薑和肉桂，兩種都不曾運往歐洲。

離開建都城，向省邊界出發。十五天的騎行路程中可見到十分雅觀的住宅、防地，以及狩獵地帶，風土民情與前述相同。第十五天結束後會見到一條大河，名叫布魯伊斯（Brius），成了這省的天然疆界，並出產大量沙金。

接下來要談一談哈剌章。

哈剌章與省會大理

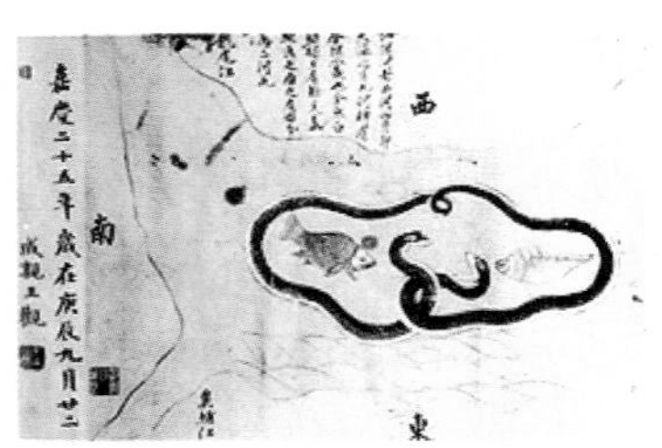

● **唐代根據神話傳說繪製的洱海圖**

這幅根據神話傳說繪製的洱海圖，用顏色形象逼真地繪出雙蛇，其內又一魚一螺，在洱海周圍還註明東、西、南、北四個方位及江河名稱，實不可多得。

渡過布魯伊斯河後，便進入哈剌章省。省區面積廣大，共分成七個轄區。哈剌章位於西部，居民都是佛教徒，隸屬大汗的版圖，大汗封自己的兒子也先帖木兒為這裏的君王。也先帖木兒是一個富裕強權的親王，天資無比聰明，德行高尚，統治以公平著稱。

沿河西行五天，沿途經過人口稠密的城市，當地出產良馬。居民以肉類和果實為生，擁有自己的語言，外人很難學會。

第五天傍晚到達宏偉壯麗的省府雅歧（大理）。城中有許多商人和工匠，人口雜居，有佛教徒、聶思托留派基督教徒、撒拉遜人和回教徒，其中佛教徒人數最多。本地土地肥沃，盛產稻米和小麥。但是當地居民認為小麥麵包有礙身體健康，所以不吃麵包而吃大米。他們用穀物加入香料釀酒，色明味佳。貨幣是用從海裏撈取的一種白貝殼，亦可作為項飾。八十個貝殼等於一個銀薩吉，或兩個威尼斯銀幣。這裏有許多鹽井，居民的用鹽都取自井中。鹽稅是國王的收入大宗。

如果妻子心甘情願和他人發生肉體關係，當地人不以為恥辱。

這裏有個湖（即洱海）方圓近一百英里，湖中有大量魚類繁殖。有些魚體積很大。

這裏的人民習慣生食禽鳥、綿羊、黃牛和水牛的肉。肉類的保藏方式如下：他們將肉切成小塊，浸在鹽水中，再加入幾種香料，是貴族階級的備製法。貧民只是將肉剁碎後浸入大蒜汁中，然後取出來食用，味道像烹調過一樣。

● **大理崇聖寺三塔**

崇聖寺三塔由一大二小組成，大塔名為千尋塔，是座方形密檐式磚塔，屬偶數占塔，共十六層，前照壁上鑲有大理石雕刻的「冰鎮山川」四個大字。千尋塔建於唐開成年間，屬於典型的唐代風格建築。

哈剌章城

●民間油印木雕：摸魚得蛇圖

●雲南傣族的精美繡品

離開雅歧城西行十天，便到達哈剌章省的主要城市，該城亦名為哈剌章。這裏隸屬大汗，由他的兒子忽哥赤管轄。河流裡出產沙金，有些產量零星分散、有些大量集中。山中蘊藏金礦，因此當地盛產黃金，一個金薩吉可值六個銀薩吉。居民也用貝殼作為貨幣，然而卻非本地出產，而是從印度進口。正如我前面提過，這裏的人不娶處女為妻。

此省出產巨蛇，長有十步，粗有十掌尺，接近頭部的地方有兩隻短腿，有三個像獅子一般的爪子，眼睛閃閃發光，比四便士的硬幣還大，兩顎很寬，足可吞下一個人，齒大而鋒利，模樣十分嚇人。人或動物接近牠們時，無不感到懼怕。其他在路上遇見的蛇類，體積都較小。

捕蛇方法如下：巨蛇白天都蟄伏在山洞中避暑，夜晚才出來覓食。不論何種野獸，牠都能擒來吞吃。吃完後便爬到湖邊、泉邊或河邊去飲水。因為身體笨重，在岸邊會留下一道深痕，好像一根木樑在沙地上拖過。捕蛇者找到蛇經常出沒的地點，便將幾根釘著尖鐵的木條放在地上，用沙子覆蓋，使之不露痕跡。當蛇沿原路爬去時，會被這些銳器戳傷，很快就會死去。

當地人騎馬和法國人一樣使用長馬鐙，韃靼人和其他地區人民卻用短馬鐙。當他們要射箭時，很容易站上

●雲南布朗族服飾

馬背。這裏人穿著的盔甲完全用水牛皮製，使用的武器是長矛、盾和弓矢，而且箭頭都餵有毒藥。

傳聞有許多人，特別是心懷詭計的人，都隨身帶有毒藥，一旦有被捕或受苦刑的危險時即刻吞服毒藥。他們寧願毀滅自己，也不願遭受折磨。因此他們的統治者時常備有狗屎，強令已服毒的罪犯吞服，將毒藥逼吐出來。為了對付這些人的詭計，得隨時準備著解毒劑。

●雲南東巴神話：青蛙八卦圖

東巴文化指的是納西族古代文化，「東巴」為藏語借詞，在納西語中意為「智者」，特指東巴教祭師。「東巴」集巫、醫、藝、匠於一身，是納西文化的主要傳承人。東巴文字被譽為目前世界上「唯一還活著的象形文字」，東巴壁畫是納西族東巴文化的重要組成成分，用於各種道場。

匝兒丹丹省和永昌城

自哈剌章省西行五天，可到達匝兒丹丹省，該省隸屬大汗版圖，省會為永昌。當地的貨幣是黃金，有時也用貝殼。一盎司金子可兌換五盎司銀子，一金薩吉可兌換五個銀薩吉。這裏雖然盛產黃金，卻沒有銀礦，所以販賣銀子的商人都能獲得巨大利潤。

當地男女有用金箔片裝飾牙齒的習慣，按照牙齒的形狀套上，鑲嵌得十分巧妙，可以長期使用。男子習慣在手臂和腿上刺上黑條紋，其刺法如下：將五口針併攏，刺入肉中，直到見血為止，然後用黑染劑塗擦其上，即留下永不磨滅的痕跡。男子身上的黑條紋，被當做裝飾和體面的象徵。

●雲南東巴木牌畫

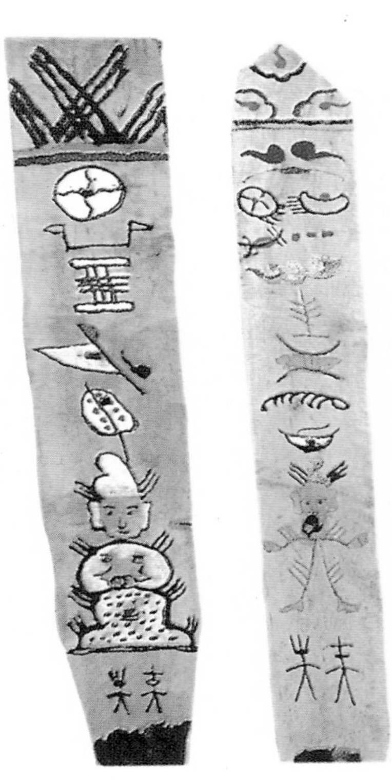

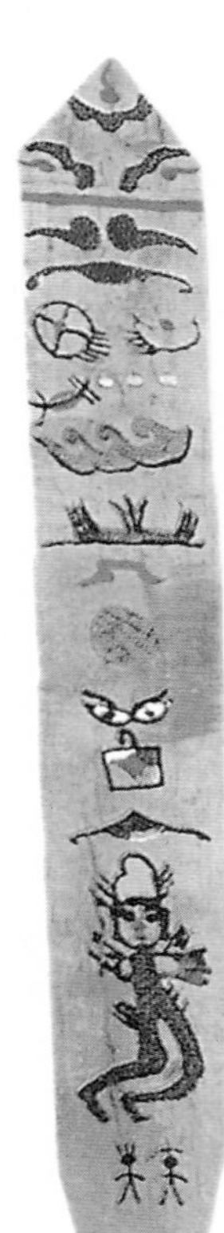

男人們除了醉心於騎馬、行獵和戰爭外，不關心其他事務，家務管理完全交由他們的妻子負責，由買來的，或是戰爭中俘獲的奴隸做她們的幫手。這裏的居民有種奇特的風俗：孕婦分娩結束後，馬上起床將嬰孩洗淨包好，換由丈夫躺在她的位置上，將嬰孩放在身邊看護四十日。臥床期間，親戚朋友都來向他道喜，妻子則照管家務，送飲食給床上的丈夫吃，並在旁邊給孩子哺乳。

納西文字至今仍被納西人用於書寫對聯、印刷名片和記帳。東巴經上的文字是種罕見的象形文字，納西話稱「森究魯究」，意為「木石之標記」，共有兩千兩百多個文字符號。

●薩滿教巫師使用的鼓

這裏的居民吃生肉，使用前面說過的方法調製，和米飯一起食用。此處的酒由穀類釀製，添上香料後實是佳品。

這地區既沒有廟宇，也沒有偶像，居民只崇拜家中的長者和祖宗，因為他們認為自己的生存是靠祖宗，所有的一切都是由祖宗賜予。他們沒有任何文字，但只要想到他們居住在深山蠻地，便不會引以為奇。這裏的夏季空氣十分悶熱不潔，一般商人和外地人不得不離開此地，以免喪命。

當地居民交易，為了債務或信用需要簽訂契約時，他們的頭目會取來一塊方木，在上面刻劃痕跡代表數目，然後將之一分為二，雙方各執一半，方法跟我們的

●麗江東巴神路圖：地獄

帳簿一樣。當債務到期時，負債人必須如數歸還，債權人則繳出他所執的半片木頭，雙方債務圓滿結束。

建都、永昌和雅歧城內沒有一名醫師。如果有重要人士生病，他的家眷會派人去請供奉偶像的巫師，將病人的症狀告訴他們。巫師們得知病情後，便會奏起各種樂器，同時舞蹈頌歌，敬奉他們的祖先或鬼神像，一直到鬼附身在其中一人身上，才停止奏樂。然後家屬便向被附身的人詢問病者患病的原因，以及治療的方法。鬼會借被附身者的口回答說，生病是因為冒犯了某個神靈。於是巫師向這個神明禱告，請求他赦免病患的罪孽，並許諾在病痊癒之後，病人當犧牲自己的血以報神恩。如果鬼看出病沒有康復的希望，便宣稱他冒犯某神導致神怒，任何犧牲都不能奏效。反之，當他覺得病大概可以治癒，便求索若干黑羊作為敬神之物，並下令巫師和他們的妻子一起祭神，也許可以得到神的恩賜。

病人親屬立即獻上所需，並親手宰殺黑羊，將牠們的血灑向天空。男女巫師則焚起香燭，讓香氣充滿病患的房舍，有時還用蘆薈製造煙霧，然後將煮肉的湯和香料製成的液汁灑入空中，同時唱笑歌舞，意在娛神。儀式完畢後，他們會興高采烈地大嚼牲肉，並飲用酬神所用的香料汁液。

巫師們吃罷，收過酬勞後便揚長而去。如果病人承蒙上帝的眷顧復元，巫師就歸功於所酬謝的偶像；如果病人不治死亡，巫師便指責那些烹調供品的人在奉神之前先嚐過供品，導致儀式完全失效。

這種儀式非每個病人都能承辦得起。其實儀式只為貴人或財主而設，每個月恐怕只有一兩次。在契丹和蠻子省崇拜偶像的居民中，由於缺乏醫生，所以這類儀式很普遍，鬼可利用人們的盲目無知而大加戲弄他們。

麗江的主要居民是納西族人。圖為納西婦女腰上繫綴七星圖案的羊皮披肩，俗稱「披星戴月」。

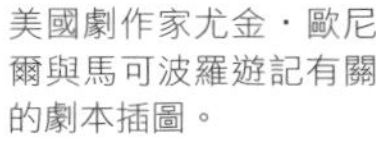

大汗侵略緬國與班加剌

匝兒丹丹永昌城中曾有一場大戰：1272年時，大汗派遣軍隊戍守永昌與哈剌章，以防外敵侵害。當時的國王為也先帖木兒。當時緬國（Mien）和班加剌（Bangala）的國王據有廣大的土地和人口，以及豐富的財貨，國勢強盛，而且尚未臣屬於大汗。

當緬與班加剌的國王聽說大汗軍隊抵達永昌，認為自己的國家勢力強大，勢要殲滅大汗的軍隊，使其不敢來犯。

於是國王聚集人民與兵械，得大象兩千頭，象上背負堅固木樓，樓中載運十二至十六名戰士，步兵與騎兵的數量眾多。國王揮軍向永昌前進，在距離大汗駐軍三日路程之地紮營。

韃靼軍的統帥納速剌丁驍勇善戰，他知道緬與班加剌國王的大軍已至，而其麾下只有一萬兩千名騎兵。敵軍除了大象裝載的軍隊外，還有六萬兵力。納速剌丁並不因此畏縮，率領軍隊進入永昌平原迎戰，列陣於平原

美國劇作家尤金・歐尼爾與馬可波羅遊記有關的劇本插圖。

上的密林中，以減低大象與弓箭的攻擊性。

軍隊部署完畢後，納速剌丁最後激勵麾下士兵的士氣，說明戰爭不以數量，而是以士兵的勇氣與紀律取勝。他指出緬與班加剌國王軍隊的戰技生疏笨拙，毫無戰鬥訓練。與其駭怕敵軍的龐大陣容，還不如在戰場上考驗自己的堅強信念。

●忽必烈汗的大像章

緬與班加剌國王知道韃靼軍已抵達永昌平原，隨即移軍至距韃靼軍隊一英里外之地，開始佈置列陣。他讓象隊做前鋒，騎兵與步兵隊做象隊的後陣兩翼，前後鋒的中間是國王的指揮部，他從這裡觀戰、發佈號令。兩軍數量是四比一，緬與班加剌的軍隊佔有明顯優勢，況且他們還有令人聞風喪膽的戰象隊伍，過去的戰績無往不利。

國王先下令奏擊喧天戰樂，大膽指揮全軍朝韃靼軍進攻。這時韃靼軍依然按兵不動，引誘他們靠近己方陣營，然後以最迅猛的速度與敵人交鋒。然而韃靼軍馬一見到敵軍戰象，紛紛驚駭退走、旋轉如飛，令騎兵完全無法駕馭，緬與班加剌國王乘勢進擊。當指揮官得知前方混亂的突發狀況時，即令陣前士兵回林，將馬匹繫在樹上。騎兵下馬後，以步行入前線，引弓發矢射象。戰象背上的射手，以及其餘軍隊均聯合回箭反擊，但其士卒弓射技遠不及韃靼精悍，因而傷亡慘重。

頃刻間箭如雨下，所有箭矢都瞄準在戰象上。群象身披箭矢奔逃，或傷重翻倒，壓倒隨後而至的士兵，使陣隊陷入混亂。戰象失控後再也不聽號令，紛紛負傷四散，逃入樹林中，背上的樓甲受樹枝摧殘毀壞，裡面的

戰士因此受傷。韃靼軍見戰象潰敗，遂重整戰力上馬出擊。

弓射戰結束後雙方短兵相接，士兵們拿起劍與鎚矛激烈交戰，殺戮的景象怵目驚心。大量的軀體扭曲斷裂、屍佈遍野、血流成河，兵器鏗鏘作響，兩軍呼嘯震天。緬王軍終至不敵，國王帶領殘餘兵力敗逃，仍然在追逐中被韃靼軍剷除。

這場戰役從早上到正午，雙方均死傷慘重，最後韃靼人獲勝。韃靼人最後回到樹林中，打算捕捉逃象。象隻藏匿在大樹群中，最後靠緬軍的俘虜相助，才將象群捉住，因為緬軍熟悉戰象的性情，教導捉捕之法，才捕得兩百頭。大汗因此得到了許多大象。

●緬甸曼德勒寧東王的畫像

無人之境與緬國

離開匝兒丹丹省後抵達一個巨大斜坡，直下兩日半，沿途渺無人煙。僅有一市集，每星期開市三日，許多商人與附近山區的居民會來此交易。附近居民以金易銀，商人則攜銀換金，獲取大量利潤。所有商業行為都在平原上進行，當地人都居住在荒郊僻野，與世隔絕，甚至不讓外人知道其確切居所。

續向南行，所經之地鮮少人居，樹林中有許多大象、犀牛，以及其他野獸。騎行大約經過十五天，在鄰近印度的地方就是緬國，主要城市亦名為緬，城大而富貴，居民多是佛教徒，擁有自己的語言，臣屬於大汗。

東南亞國家多象，尤其崇拜白象，以白象為吉祥動物。

緬國的國王相當富有，去世之前吩咐在其墓頂與墓基的地方建兩座塔，全用大理石建造，高十步，體積比例相稱，頂端為圓球形。其中一座為金塔，上面覆金厚達一吋，整座塔彷若全金製；另一座為銀塔，覆銀的厚度相同。圓球的部分繫上金銀鈴，風起鈴響。墓穴用金屬板圍起，一部份為金，一部份為銀。整體望去燦爛壯觀。此墓是為了紀念國王的榮耀，讓他生前光榮遺留後世。

大汗為了征服緬城，便派遣英勇的將士遠征，隊伍中還有朝中重要的幻術者和巫師隨行。當他們取下緬城，驚見城中的金銀兩塔，便請命大汗該如何處置。大汗得知這兩塔是為了紀念先王，便下令官兵不准破壞分

毫，因為韃靼人認為，觸碰死者之物是罪大惡極。

此地有許多象和野牛、赤鹿、小鹿，以及許多野獸。

班加剌

班加剌位於印度南方邊境。在馬可波羅任職於大汗朝廷時，大汗尚未征服班加剌。班加剌國與國王勢力強大，韃靼軍花了許久時間才使之臣服。班加剌有自己的語言，居民崇拜偶像，有教師在學校內專門教授偶像崇拜的準則與巫術，其教旨的權威尤在各階級之上，其中亦包括了貴族與國家首長。

當地的牛身高如象，但在體積上不及象。居民的主食是肉、乳、米，皆產量豐盛，並且盛產棉花。另外也生產大量的甘松香、高良薑、薑和諸多藥材，有許多印度商人前來採購。因為當地擄來的戰俘會被去勢，王公貴族喜歡用閹人來保護婦女，所以印度商人經常來此購買閹人轉賣至其他國家，藉以獲取高利。

此地的範圍有三十天路程，東邊與交趾國比鄰。

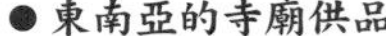

● 東南亞的寺廟供品

交趾國

交趾國位於東方，由當地國王統治，居民是佛教徒，有自己的語言。交趾國主動向大汗稱臣，並且每年入貢。該國國王貪淫，有妻四百，當他知道國內有美婦，即強娶為妻。

●越南寺廟內的壁畫

當地盛產黃金，也出產許多藥材。交趾屬內陸國家，土地距海遙遠，因此土產價格低賤。境內有許多大象和野獸，居民以肉、乳、米為主糧，酒類不用葡萄，而用米與混合藥材釀造。

男女身上多紋以野獸與鳥的圖案，並有專人以針替人在手、足、胸部上紋以美麗的裝飾。一旦黑色塗料磨入刺孔內，圖案將永久不能消去。男女均以紋身為美，尤其以圖案的豐富多寡來評定。

阿木

阿木（Amu）省也位於東方，當地人是大汗的臣民，都是佛教徒，以畜牧耕種為生，當地的語言獨特。馬和牛的產量不少，都賣給行販商人載運到印度去賣。由於水草牧場遍及各地，水牛與牛的數量極多。

當地男女喜歡在手腕、手臂和腳上配戴金銀手環，女性的配飾較為昂貴。阿木省距離交趾國二十五天行程，距離班加剌有二十天行程。從這裡向東走八日，會到達禿剌蠻。

禿剌蠻

禿剌蠻（Tholoman）是個東向省分，居民也是佛教徒，擁有自己的語言，並且臣屬於大汗。當地人普遍高且好看，膚色偏褐色。他們的貿易公正合理，而且個個英勇善戰。境內許多城市位於高山中。

當地人死亡後，習慣將屍體焚燒後的骨灰盛入木匣內，然後帶入高山，藏匿在岩穴中，以防野獸侵犯。山上也蘊藏大量金礦。

通用的貨幣是來自印度的海貝，而且也適用於前述的交趾國和阿木。當地的飲食習慣跟前述地方相同。

東南亞佛教文化的歷史彩繪，表達佛陀的生活情景。

敘州和巴章府

從禿剌蠻出發向東，沿一條大河行十二天，河兩岸有不少城鎮，最後一天會抵達美麗的敘州。當地居民是佛教徒，臣屬於大汗，以商人與工匠為業，通用大汗發行的紙幣。當地人用某種樹皮織成美麗夏裝，男女皆宜。男性多為英勇的戰士。

● 羅馬人的獵鹿

當地多老虎，所以無人敢夜宿城外，連在河上航行的船，在夜晚也不敢接近岸邊，因為老虎會涉水上船，襲擊船上的人。夜晚時，船隻得在河流中央下錨，以確保性命安全。

此地還有我所見過最大最兇猛的狗，數犬合力的威勇足以抗虎。獵虎者會帶數尾同行，一旦發現虎的行蹤，獵犬即奮勇前搏，虎會立即尋找大樹藏匿。牠掌握住獵犬的動靜，並緩步靠近樹底，此時獵犬一撲而上。虎意圖反擊，但獵犬比牠的行動更靈捷，虎伺機退後，打算佔領先機時，獵人立即引弓射虎。虎受箭傷，又不堪獵犬襲擊，最後傷重至死。

當地生產大量絲綢，靠水路運至外地販賣。

走到第十二天，會抵達前面介紹過的成都府，然後再走二十天會到達涿州，從涿州再走四天，將會到達契丹的巴章府。城位於南方，居民是佛教徒，火葬為其風俗。當地也有基督教徒，並擁有一座教堂。臣屬於大汗，並使用大汗發行的紙幣。居民主要以工商為業，也以絲織業為重，製造金錦絲羅和精美的圍巾。

巴章府為鄰近城鎮的政治中心，大河依傍，藉水運可將貨物運至汗八里城販賣，並且有多條運河連接首都。離開巴章府後，三天內可抵達下個城市長蘆。

長蘆

長蘆是座位於南方的大城，屬契丹省，隸屬大汗的版圖。居民崇拜偶像，對死者使用火葬。皇帝蓋有禦璽的紙幣為當地的流通貨幣。

當地以製鹽業為盛，製鹽方法如下：附近地區有一種含鹽的土，首先他們將土堆壘成丘，淋上水，讓水份滲入土中，吸收其中鹽份，然後將鹽水從水槽導入一個大鍋中，鍋很淺，最深不超過四英寸。將鹽水在鍋中煮到完全蒸發，剩下的就是鹽。這樣製造出的鹽顏色雪白，品質優良。成鹽運往各地銷售，使鹽商獲取巨大利潤，而大汗也藉此徵收了大量鹽稅。

● 煮鹽圖

馬可波羅的記述內也記有鹽的數量和地理距離，雖然這些描述有時和在當地發生的故事交織在一起，但基本上符合實際，也反映出一名商人對世界的看法。

臨清、濟南府和一次叛亂

臨清也是契丹省內的一座城市，位於南方，隸屬大汗。居民同樣使用大汗的紙幣。從長蘆到這裏有五日路程，途中經過許多城市，也同屬大汗的版圖。這附近商業發達，能徵收到龐大的稅款。

有條寬深的河流經這城市，用來運輸絲綢、藥材和其他有價值的商品，十分便利。

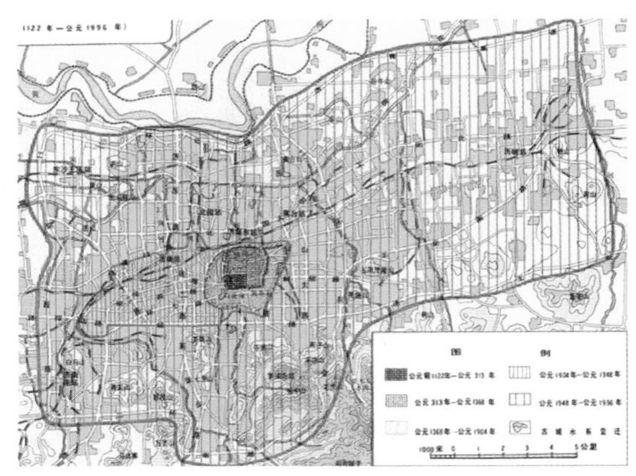

●濟南府變遷圖

●濟寧少昊陵圖

少昊相傳為黃帝之子。少昊陵園面積一百二十五畝，宋時壘石為陵，故少昊陵表面用石板砌成，俗稱「萬石山」，有「中國東方金字塔」之稱。

離開臨清向南走六日，沿途經過許多重要和壯麗的市鎮。居民多以工商業為生，衣食富足，絲產量也非常高。第六日晚上便能到達濟南府。從前曾經為國都，被大汗以武力征服。四周有無數花園環繞，到處都是美林和果園，實在是居住的好地方。濟南在司法上管轄帝國十一座城市和大市鎮，這些地方都商業發達、盛產絲綢。

大汗曾任命一位名叫李壇的高級軍官管理這座城，並命他統率十萬駐軍守衛。李壇統治的地區如此富裕，又擁有強大軍事力量，頓生驕矜之心，便企圖叛變。他勸城內仕紳宿耆共同參與逆叛的陰謀，聯合省轄市鎮和要塞群起造反。

大汗聽到叛亂的消息，立即命兩名貴族統率十萬大軍前往鎮壓。一位是阿術，一位是囊加歹。當李壇聽到消息後，也立即召集十萬軍隊迅速反擊。經過一番血戰，雙方死傷慘重，李壇與其黨人大敗。大汗下令將反叛首領處以死刑，其餘位階低者給予赦免，命其繼續為他服役。從此以後，他們對大汗忠貞不渝。

濟寧府

離開濟南，向南行三天，途中會經過許多工商繁榮的大城和設防要塞。這一帶有許多飛禽走獸，生產富饒。

到第三天傍晚便抵達濟寧城，該城雄偉壯麗，富含古老的歷史文化。商業與製造業十分興盛，所有居民都是佛教徒，也都是大汗的百姓，使用大汗的紙幣。有條大河穿過城南，居民將河分成兩支運河，一支向東，流過契丹；另一支向西，流向蠻子省。大河供給兩個省區的航行，河上千帆競發，舟楫如織，數目多到令人難以置信，船隻運載的貨品數量和噸位，著實令人驚奇。

●軒轅黃帝圖

濟寧迄今已有六千多年的歷史，是軒轅皇帝、少昊帝的出生地，也是孔子、孟子、顏子、曾子、子思子五大聖人的故鄉，自古素有「孔孟之鄉，禮儀之邦」的美稱。

臨州城、邳州城和西州城

● 戰國時期的邳州銅器

● 邳州的民間虎頭鞋可追溯到元代

離開濟寧南行十六日，沿途能見到無數商業城鎮和城堡。到了第八天傍晚，會抵達富貴大城臨州。居民善戰，多從事製造業與商業。當地有許多動物，飲食也極為富足。

離開臨州後，向南再走三天，會經過許多大汗統治的市鎮和城堡。居民全部信奉佛教，對死者實行火葬。到第三天傍晚，可以到達邳州城。工商繁茂，生產富足，向大汗繳納高額的賦稅。

由這裏向南行兩天路程，經過美麗富饒的地區，然後到達西州城。城大而富麗，工商業發達興旺。居民也全部信仰佛教，人死後實行火葬。他們使用紙幣，也是大汗的百姓。當地穀物和小麥的產量豐盛。後來經過的地帶，也會見到許多城市、城鎮和城堡，還有許多好看實用的狗。這一帶也盛產小麥，人民和之前描寫的居民沒有多大差別。

淮安府和海州城

兩日旅程結束後，再一次來到黃河邊。黃河的發源地在長老約翰的國境內。河面寬廣，水深難測。滿載的大船能自由在河面上航行，河中魚獲量極豐富。離這條河不遠的地方，有個碼頭停泊了一萬五千艘大汗的船隻。每條船上除了船員和必需的儲藏和存糧外，還可載運十五匹馬和二十名船客。這些都是大汗的常備，一旦鄰近海域有叛亂發生，可以立刻派船隻運載軍隊前往討伐。

船停泊的地方離淮安府不遠，對岸是海州城。前者是座大城市，後者卻是個小城。

渡過這條河，便進入富麗的蠻子省。不要誤以為我對契丹省已作了完整的報導，我所描寫的，其實還不及其中的二十分之一。

接下來將繼續介紹大汗是如何取得蠻子省。

● **淮安侯韓信**

韓信為漢初軍事家。陳勝、吳廣起義後，韓信始隨項梁，繼隨項羽，後從劉邦。漢高祖元年（西元前206年），經丞相蕭何力薦，始為大將，協助劉邦制定了還定三秦以奪天下的方略。韓信熟諳兵法，為後世兵家所推崇。劉邦雖用韓信而心存疑忌。呂后知劉邦疑忌韓信，便與蕭何定計，於漢高祖十一年正月誘韓信至長樂宮，以謀反罪名殺之。

● **元代青花瓶：蕭何月下追韓信**

蕭何器重韓信之才，推薦給劉邦，劉的態度怠慢，韓信憤而出走。蕭何聽說韓信離去，不顧道路艱難，披星戴月勸韓回轉。有道是：成也蕭何，敗也蕭何。後來韓信被誅，使「蕭何月下追韓信」的故事被賦予更多悲劇色彩。

征服秀麗的蠻子省

蠻子省（馬可波羅遊記中，稱元朝的北方為契丹，南方統稱為蠻子，也就是南宋的領域）是東方世界最具吸引力、最富饒的地區，由一位名叫法克佛（Facfur，不是君主的名字，而是阿拉伯人和其他東方人民對中國皇帝的通稱，藉以和韃靼君主做區別。當時的南宋皇帝是度宗）的君主統治，他的權力和財富除了大汗外無人能及。他的性情平和、仁慈和藹，深受人民愛戴。他的王國為一條最寬闊的河流（長江）環繞，世界上任何強國都無法侵擾，導致君主本人不重視軍事，也不鼓勵百姓從事軍備訓練。

疆土範圍內的各個大小城市，都有一箭寬的護城河圍繞，護城河水深河闊，僅有一橋可通行，城防十分堅固，不必害怕遭受外敵攻擊，因此沒有設置任何騎兵部隊。君王終日沉湎酒色，荒淫無度。後宮蓄養上千佳麗，供他尋歡作樂。另一方面，他嚴格信守和平正義，任何微小迫害或傷害行為，都會得到適當懲罰，公正深

●度宗像

宋度宗姓趙名禥，理宗之侄，被收為養子，1260年立為皇太子。理宗死後他繼位，年號咸淳。即位後昏庸荒淫，重用奸臣賈似道，封其為太師，倍加寵幸，致使南宋江山不可收拾。1274年7月，度宗病逝於宮中，終年三十五歲。

得民心。境內治安良好，社會安寧，甚至達到夜不閉戶的地步。

世界各地的旅人經過這王國，晝夜都能自由通行，安全無虞。這位君主有宗教熱忱，對貧者十分慈善，輔助由於母親無力撫養而遭遺棄的孩子，每年有兩千餘人。當男孩達到足夠年齡時，便派人教他們各種手工藝，並且為他們從被收容的年青女子中選擇配偶。

韃靼皇帝忽必烈的性格習性與法克佛迥然不同。他的愛好集中在軍事、爭城掠地，和擴大自己的聲譽。他已經併吞了許多省份和王國，版圖日益擴大，然後便注意到蠻子王國，打算佔為己有。因此他調集了包括騎兵和步兵的龐大軍隊，委派名將伯顏統率軍隊南下。這位將軍名字，在我們的語言裏意指「百眼」。

● 伯顏像

伯顏（1237—1295），巴鄰氏，為元朝大將。生於西亞的伊兒汗國，因入朝奏事被世祖留用。至元十一年（1274年）任中書左丞相，率兵攻南宋。後來長期在北方邊地與叛王海都作戰。至元三十一年，（1294年）世祖逝世，他奉成宗即位，同年十二月（1295年初）病死。

事件發生在1268年。伯顏將軍率領戰艦浩浩蕩蕩地從水路入侵蠻子國，大軍登陸完畢，伯顏就向淮安府居民提出最後通牒，要求他們歸順投降，臣服於大汗的權威。城內居民拒不願降，伯顏卻繞城而過，繼續前往第二個城市提出同樣要求，城市居民亦拒不投降，他仍置

之不顧，前往第三、第四個城市，得到的答覆如出一轍。大汗雖然另遣大軍在後方援助，留下大批未投降的城市在後方也不妥，於是伯顏決定攻取其中一座城。韃靼人以高超戰術攻克，破城之後，韃靼兵見人就殺。這個噩耗不脛而走，其他城市的居民聽聞後驚恐萬分，紛紛豎起降旗，願意納降稱臣。

此戰略一舉成功，大汗隨即聯合兩軍，乘勝進逼法克佛的京師。蠻子省君主從未習戰，深怕生命受到威脅，於是潛逃到早已準備好的艦船上，把守城的責任交付王后，命令她竭盡全力守住城池。他深信王后萬一落入敵手，也會因她是女流之輩而安然無恙，他則乘舟渡海，抵達某個防守堅固的海島，在島上蟄居，直到去世為止。

元人多騎馬，也擅畫馬。此圖為元代畫家任仁發「出圉圖」的局部。

王后留下困守危城。據說，她聽星占學家曾經告訴君主說，除了一個有一百只眼睛的將領外，沒有人能奪取他的江山。這段預言支持著她，即使城池守備岌岌可危，她仍深信王城決不至被攻陷，因為凡人不可能有一百只眼睛。但是當她詢問敵軍將領的名字，人們告訴她是百眼伯顏時，她才大驚失色。王后懾於大勢已去，立即出城投降。

韃靼人攻下京城後，隨後分頭征服該省全部領土。王后被送到忽必烈御前，接受他的優厚款待，並撥給她固定供給和款項，使她得以維護王后的尊嚴。介紹完忽必烈征服蠻子的策略後，將進一步介紹這王國內的其他城市。

寶應州和高郵

離開淮安府後，向東南方順著一條堤道行走一天，會到達蠻子省。堤道兩旁有許多寬闊的沼澤湖泊，水深可以航行。除了經由水路外，沒有其他道路可通達。大汗軍隊的將領入侵時，就是由水路進軍。

走了一天路程，當夜幕降臨時，來到一個名叫寶應州的大城鎮。居民信奉佛教，對死者實行火葬，使用大汗的紙幣為貨幣，都是大汗的百姓。他們靠工商業維持生活，絲產量很高，並且織成金線織物，生活必需品極為豐富。

在寶應州東南方向距離一天路程的地方，有座大而堅固的城市高郵。這裏的工商業發達，盛產魚類，飛禽走獸很多，可供獵取。當地特別生產雉雞，一個威尼斯銀幣能買到三頭如孔雀般大小的雉。

●高郵文遊台

馬可波羅在遊記中稱伯顏為「百眼」，只有長百隻眼的人才能攻破國都。這是馬可波羅聽來的傳說，但當時確有「江南若破，百雁來過」的謠言，把伯顏訛傳為百隻雁，而馬可則說成百隻眼。雖以訛傳訛，但絕非有意編造。

● 邗江尋春圖

揚州曾多年為江淮行省省會，揚州路及淮東道宣慰司治所也在揚州，所轄城市達二十多個，且駐有重兵。這些都有史可證，但關於馬可波羅在揚州治理三年之說，則無從查考，學界歷來存有爭議。有人否認他到過揚州，也有人認為他做過揚州總管或鹽管官，可備多說。

● 紅橋修禊圖

揚州地方志裡沒有關於馬可波羅的記載，也沒有提到僑居揚州的義大利商人及家屬，而1951年在揚州發現的一座義大利女孩墓碑，卻成了義大利人在華貿易的佐證。她名叫卡泰里納，死於1324年。這塊墓碑表明十三世紀後，義大利商人在揚州並不罕見，也間接為馬可波羅遊歷和治理揚州的史實提供可供查稽的參考資料。

馬可波羅主政的揚州

離開高郵繼續往前進，沿途可看到許多鄉村和耕地，第一天傍晚便到達一座名叫通州的城市。這個城市面積不大，但一切日需品充足。居民大都是商人，並擁有許多商船。鳥獸的產量很多。該城位於東南方，海洋就在城市左邊，也就是地圖上的東面相距三天路程的地方。在城市和海岸之間有許多鹽場，出產大量的鹽。

曾經有學者指出馬可波羅很可能不懂漢語，不識漢字，因為在他的書中提到的中國地名全是蒙古或波斯語的稱呼，而中國書法藝術特殊，馬可則視而不見。但持異議者認為，揚州純為漢人城市，馬可在此治理三年，不解漢字，簡直無法想像。可備兩說。圖為「揚州八怪」之一的鄭板橋書法，他的書法用隸體摻入行楷，別具風味，自稱「六分半」書法。

●揚州黃楊木雕鼻烟壺印證揚州手工業發達。

隨後又到達一座堅固大城真州。從這裏出口的鹽，足夠供應所有鄰近省份，大汗從這裏能收到難以置信的高額鹽稅。當地居民也信奉佛教，使用紙幣。

從真州向東南方向繼續前進，到達重要的揚州城。揚州管轄二十四個城鎮，地位舉足輕重。它隸屬於大汗的版圖，居民信奉佛教，多從事商業和手工業，並且製造武器和各種軍需品，因此附近有許多軍隊屯駐。

大汗的十二名男爵中，其中一人駐屬在揚州城。馬可波羅奉大汗特命，曾擔任揚州城的總督三年。

南京省

南京石頭城城牆的鬼面展現了古城的滄桑。

南京是蠻子省境內的著名大省，位於西南，居民是佛教徒，使用通用紙幣，是大汗的臣民。大部分人經營商業。當地出產生絲，並織成金銀線織品，產量很大，花色繁多。這地區稻米豐足，六畜興旺，可行獵的飛禽走獸眾多，尤其以老虎為最。大汗對該省收取的稅收，主要來源於商人買賣的珍貴商品。我們現在將談談華麗的城市襄陽府。

●古南京繁華圖卷

尼可羅和馬飛阿用計攻下襄陽

襄陽府是蠻子省內的大型商業重鎮，管轄十二個富庶的大城鎮。居民對死者實行火葬，崇奉佛教，是大汗的臣民，並使用他的紙幣。生絲產量豐富，並且出產一種金線混織的精美綢緞。各種獵物豐富。凡一座大城應有之物，此城都能自給自足。這座城市靠著它極不尋常的內在力量，在大汗佔據蠻子省後，仍能獨自抵抗圍困長達三年之久，不肯降服。

襄陽三面環水，僅北面是陸地。軍隊除了從北面進攻之外並無它法，可見圍攻此城之困難。圍攻的軍隊無法截斷水路，使防守者賴以獲得食糧和所需物品。當時蠻子省其他各地均已歸順，唯獨襄陽城仍負隅頑抗，大汗聽聞後，感到極度憤怒。

當時居留在朝廷的尼可羅和馬飛阿兩兄弟得知消息後立即覲見皇帝，奏請皇帝准許他們製造一種西方人用的機器。這機器能投射三百磅重的巨石，可以摧毀城市的建築物，迫使城內居民投降。大汗聽過大喜，召來最優秀的鐵匠和木匠聽從兩兄弟指揮。其中有些是聶思托

●古襄陽綠影壁

馬可波羅把蒙古攻取襄陽歸功於自家人獻計，歷來得不到學界認可。學界認為這可能是他身陷囹圄、百無聊賴中的自我解嘲而已。但蒙古用炮攻破襄陽的事實確實存在，馬可波羅可能只在襄陽聽說過。反之卻也證明馬可波羅的確到過中國南方。

古襄陽綠影壁係明代襄陽藩王府門前照壁，距今五百年歷史。影壁高7.1米，長25米，厚1.7米，以綠礬石為壁，白礬石鑲為邊，上雕雲龍九十九條，氣韻生動，形態各異，是石刻藝術中絕無僅有的珍品。與北京北海九龍壁，和山西大同的琉璃九龍壁，堪稱中國影壁三絕。

留派的基督教徒，都是一批能幹巧手的工匠。

工匠們依照波羅兄弟的指示，幾天之內造出了軍用投石機（mangonel），並且在大汗及朝臣面前試用，讓他們見識機器拋射石頭的威力。測試過後機器裝上船，運到圍攻襄陽的軍隊前線。

當投石機在襄陽府城前架好後，立即發石攻擊，果然打中一座建築物，威力猛烈沉重，使建築物倒塌。襄陽府居民驚愕萬分，以為是天打雷劈，審思權宜之後決定馬上投降，於是派出全權代表出城表示歸順。他們受降的條件，和蠻子境內歸降的條件相同。

投石機使攻城快速圓滿結束，威尼斯來的兩兄弟因此立了大功，也使他倆在大汗和朝臣心中的信譽倍增。

●諸葛亮與「隆中對」

建安十二年（西元207年），劉備屯軍新野，因徐庶的推薦而「三顧茅廬」，請隱居襄陽的諸葛亮出山。諸葛亮剖析當時政治軍事形勢，提出占領荊州（今湖北、湖南）、益州（今四川），以及「西和諸戎，南撫夷越，外結好孫權，內脩政理」的建議，然後待機北伐中原。「誠如是，則霸業可成，漢室可興矣。」這就是歷史上著名的「隆中對」。

● 回到九江故里的陶淵明

陶淵明（365—427），世號靖節先生，九江人。二十九歲開始走上仕途，四十一歲辭歸。不久又在親友的勸說下勉為彭澤令，八十天後歸隱田園。

九江

離開襄陽府，向東南走十五天便到達九江市。這座城市雖然不大，商業卻十分發達。由於九江瀕臨長江，所以來往的船舶非常多。長江是世界上最大的江河之一，有些部分河寬六英里，有些寬達八英里，有的則寬十英里。長度從發源地到入海口，需要一百天以上的航程，並且還有許多可以通航的支流。這些細川巨流發源於遙遠地區，彙入大江，是以長江的水量多仰賴支流注入。無數城市和村鎮坐落在沿江兩岸，總共流經十六個省份和兩百多個城鎮，皆分享到大江航行的便利。

馬可波羅在九江看到的船隻不下一萬五千艘，再加上一些江邊城鎮，船舶數目就更多了。所有船隻都是單桅船，船上鋪有甲板。船的一般載重量是四千擔，最大可載重一萬兩千擔。除了在桅和帆上使用麻繩外，船上其餘地方都不用麻繩，而是使用之前說過的那種長十五步的竹子，將竹子剖成纖細的竹篾，然後絞在一起，編成三百步長的纜繩。這種纜繩編製得十分精巧，牽引力不輸於麻繩。

船由馬拉著纜繩沿著河岸行進，一條船由十到十二匹馬牽拉。沿江兩岸丘陵起伏，連綿不絕。山崗上有許多廟宇和高大的建築物。沿岸村莊和住宅綿延，到處都有人煙。

● 九江煙水亭

坐落在甘棠湖北隅水中的煙水亭為北宋理學家周敦頤之子所建，因甘棠湖「山頭水色薄籠煙」而得名。

● 江州司馬白居易

唐元和十年，白居易被貶到九江任江州司馬，次年在九江潯陽江送客時遇見一琵琶女，感懷不已，寫下千古絕唱〈琵琶行〉，後人在此記之。

瓜州城

瓜州城是大江南岸的一個小城鎮，每年屯積大批的小麥和稻米，大部分運往汗八里城，供應給大汗的朝廷。瓜州城位於通往契丹省的交通線上，這條交通線是由許多河流、湖泊以及一條寬深的運河組成。運河是根據大汗的旨意挖掘，以做為大河間的轉運道，使蠻子省的水路直通汗八里，不必取道海上。

挖鑿運河的宏偉工程十分值得讚美，不只在於這條運河貫通南北國土，也不只在於它的驚人長度，而在於造福沿岸城市的人民。運河兩岸築有堅固寬闊的河堤，也使得陸上交通變得十分便利。

瓜州城對面的大江中心，屹立著一座岩石島（即金山），島上有間大寺院，有兩百名和尚長住在內，地位居諸多廟宇之首。現在我們將介紹鎮江府。

●瓜州夜泊圖

馬可波羅講到瓜州時，特別提到瓜州對面江上的石島，上建佛教寺院並有僧人，這就是今天的「金山」。注釋家認為，這樣正確詳細的描述，若非身歷其境很難做到，這也是馬可到過中國南方的佐證。

鎮江府

●鎮江宋元古街

鎮江宋元古街（西津古渡街）在古代位於長江邊，沒有碼頭。當年馬可波羅曾在此登岸前往江南。街兩旁至今還有毗鄰相連的雕花木樓，是當年的香火舖。街中央有江南唯一的喇嘛過街石塔，建於元代。沿街還有明代的觀音洞、清代的救生會，以及1889年建築的英國領事館舊址。

鎮江是蠻子省內的城市。居民是佛教徒，屬於大汗的臣民，使用大汗發行的紙幣。大多靠經營工商業謀生，廣有財富，並且製造絲綢和金線織物。這裡盛行各類狩獵活動，食物種類也極其豐盛。

城內有三個聶思托留派的基督教教堂，建於1278年。那時皇帝陛下曾任命一位名叫馬薩奇斯（Marsachis）的教徒來這裏擔任行政長官三年。馬薩奇斯上任後，才在當地興建了教堂，至今仍保存完好。離開這地方後，將說到常州城。

●水漫金山寺

金山寺始建於東晉，原名澤心寺，唐時通稱金山寺。宋天禧年間，因皇帝夢遊金山寺，賜名龍遊寺，清康熙南巡時賜名江天禪寺。《白蛇傳》中破壞白娘子與許仙美滿婚姻的法海就是金山寺的和尚。白娘子趕來求索丈夫許仙，法海不肯，白娘子便施法術引來洪水，招致水漫金山。

常州城

●常州天寧寺

常州天寧寺始建於唐朝，已有一千三百多年歷史，從明代宣德年間起（1426—1436）就被稱為「東南第一叢林」。

離開鎮江府，朝東南走四天，沿途經過許多市鎮和要塞。居民都是佛教徒，依靠工商業為生，也是大汗的百姓，使用他的紙幣。第四天黃昏便可抵達常州城。這是個美麗的大城市，盛產生絲，用以織成各種花色綢緞。生活必需品非常充足，獵物種類繁多，提供人們極好的遊獵機會。

然而這裏的居民生性邪惡。當伯顏（或稱為百眼）征服了蠻子省時，派遣若干阿蘭人（盤據在黑海東北部草原地區的突厥遊牧民族）的基督徒，陪同伯顏的人馬攻打常州城。他們直抵城下，一路未受任何抵抗，長驅直入。誰知常州城有內外兩道城牆，阿蘭人佔據了外城，發現大批藏酒。由於長途行軍，疲憊饑渴不堪，不假思索開懷痛飲，個個喝得酩酊大醉，臥倒在地入睡。

內城的人看到敵人中計，乘機將他們屠殺殆盡。當伯顏聽到先遣隊遭遇的厄運時極為憤怒，另派一支兵馬前去征討。城破後，他立刻下令屠城，為了報復，城內居民不分男女老少無一倖免。

蘇州和吳州

絲綢之路上發現的緋色絲絹，據説是吳州出產。

蘇州城美得驚人，方圓二十英里。當地生產的大量生絲製成綢緞，不僅人人都穿得上綢緞，還可行銷各地，不少人因此成為富商大賈。這裏人口稠密，民性善良怯懦，在工商業方面卻顯得相當能幹。如果他們的勇敢和他們的機智一般優越，憑他們眾多的人口，不僅可以征服全省，還可以放眼圖謀世界更遠的地方。

●蘇州閶門圖

居民當中有許多醫術高明的醫生，善於探出病根，對症下藥。有些人則是學識淵博的教授，或許我們該稱之為哲學家，還有一些人可以稱作魔法術士或巫師。城外附近的山上大黃長得茂盛，可以販賣至全省各地。當地也盛產生薑，而且售價低廉，一個威尼斯銀幣可買到四十磅的生薑。

有十六個富庶大城和市鎮屬於蘇州的管轄範圍，也都是工商業鼎盛。蘇州的名字是指「地上的城市」，正如京師是「天上城市」一樣。

離開蘇州後，要介紹離這裏只有一天路程的另一座城市吳州（即吳江州）。這裏也生產大量生絲，並且有許多商人和手工藝匠。出產的綢緞品質最優良，行銷全省各地。

現在將進而描述蠻子省的主要城市和省會京師。

雄偉壯麗的京師

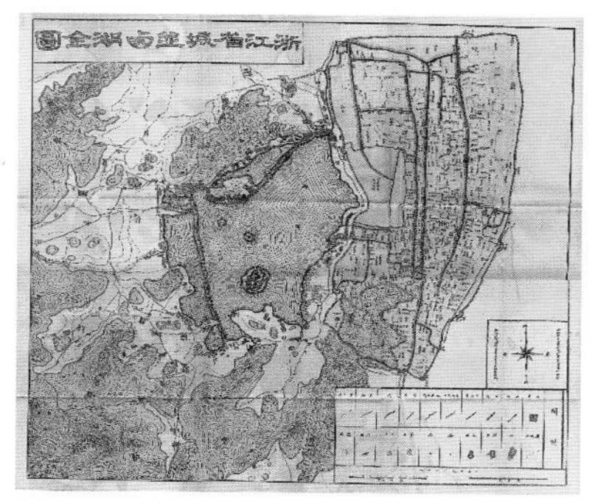

● 杭州城及西湖全圖

馬可把杭州稱為「天城」，把蘇州稱為「地城」，學者認為這是對中國俗語「上有天堂，下有蘇杭」的誤解。此說被認為是馬可不通漢語的又一例證。

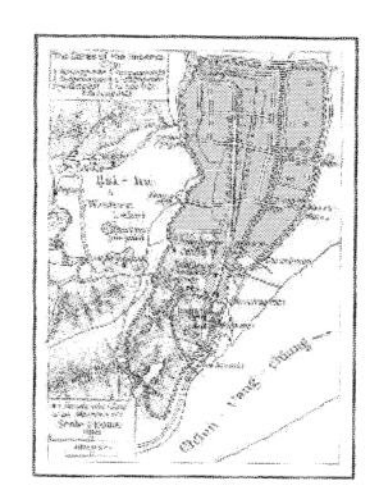

● 古杭州地理圖

馬可波羅向西方展現了迷人的中國文明，開闊了歐洲人的視野。圖為外國繪製的古杭州地理圖。

離開了吳州城，三天路程中會經過許多人口眾多且富饒的城鎮、城堡和鄉村，人民皆豐衣足食。到了第三天晚上，便抵達雄偉壯麗的京師（亦即杭州，以下都稱杭州），名字的意思是「天城」，其莊嚴秀麗堪稱世界城市之冠。這裏名勝古蹟非常多，使人們想像自己彷彿生活在天堂，故有「天城」之稱。

馬可波羅時常遊歷這座城市，對這裏發生的每一件事情都觀察入微，並且一一記錄下來。以下的詳細記載，是從他的記錄中摘選出來的。

根據估計，杭州城方圓一百英里，城內街道寬廣，運河遼闊，並且有許多宏豁的廣場和市場，與趕集的人數相稱。杭州位於清澈淡水湖與廣闊大河之間，大小運河流貫全城，水流入湖，最後傾注入海。城內交通四通八達，水陸兼備。由於運河河道和市內街道寬闊，便由船隻和車輛運載貨物，交通往來暢通無阻。

城內各種大小橋樑數目達一萬兩千座，橫跨在主要運河上，用來連接各大街道。橋拱蓋得很高，建築精巧，橋拱下可讓豎桅杆的船隻通過，拱橋上同時可行車馬，而且從街道到橋頂坡度的遞減設計恰到好處。要是沒有這麼多條橋樑，各條大道間的銜接不會如此便利。

城外臨江邊有條運河，長約四十英里，河寬水闊，水源來自於上面提到的河川。運河由該省古代君主挖掘，便於河水氾濫時能疏導入運河內。運河也作為防城

人們設想馬可波羅是從這條水道進入杭州。

● **明代描繪的浙江臨海圖**

用，把從溝中挖出的泥土堆放在運河兩側做為堤防，圍繞著杭州城。

城內各街道上有數不清的店鋪，還有十個大廣場或市場。每個廣場邊長半英里，大街位於廣場前方，寬四十步，從城的一端筆直延展到另一端。城內還跨有許多低矮便利的小橋。市場間相距約四英里，但在廣場對面，和大街呈平行的方向上，有一條很大的運河。距運河較近岸邊建有大型的石砌倉

庫，供給從印度和東方來的商人儲存貨物。倉庫的位置靠近市場，有利於交易。每週有三天市集日，約有四五萬人來此趕集，市場上的貨物應有盡有，能買到所有想得到的貨物。

皇家宮廷中的婦女用木棒搗擊新織成的絲綢，使它變得柔軟。

當地獵物野味非常豐富，如牡鹿、大赤鹿、黃鹿、野兔和家兔，以及山鶉、雉、鷓鴣、鵪鶉、一般家禽、閹雞，而鴨和鵝很適宜在湖中飼養，數量更是多不勝數。一個威尼斯銀幣可買一對鵝和兩對鴨。

城中也有許多屠宰場，專門宰殺家畜如牛、牛犢、小山羊和羔羊，給富人和大官們食用。低階層的人民則

●清明上河圖（局部）

張擇端的「清明上河圖」作於北宋覆亡前夕。從圖上來看，當時汴京（今開封）商業和城市建設己相當發達，由此可推測南宋之後中國南方城市的繁榮與高貴。

從不挑剔，什麼肉都吃，甚至於不乾淨的肉類。

市場上一年四季的蔬果種類繁多，尤其是梨子大得出奇，每顆重約十磅，肉白如漿，滋味清甜芳香。在產桃的季節裏有大量桃子上市，分黃白兩種，味道都很可口。這裏不產葡萄，但有從外地運來的葡萄乾，滋味很好。也有從外地運來的葡萄酒，卻不為當地人喜愛，因為他們習慣飲用大米和香料製成的酒。

每日都有大批的魚產，從離城十五英里外的海邊，經由河道運至城中。湖中的魚產也非常豐碩，終年都有魚獲，種類則視季節而異。市集中的魚量非常龐大，但在幾小時內就會拋售一空。因為人口實在太多，不乏餐餐能享受魚肉的富裕人家。

城內有十個市集廣場，每個都被高屋環繞，房屋的下層是商店，販售的貨物品種齊全，如香料、藥材、小飾品和珍珠等。有些商店專賣酒，不賣其他貨物。他們不斷釀酒，以適當價格供應顧客。很多街道與市場相通，某些街道上有冷浴澡堂，由男女服務員侍奉人入浴。當地人打小時候起就習慣一年四季洗冷水浴，認為這樣有益身體健康。澡堂中也有供應溫水的浴室，專門

●杭州街肆

馬可波羅用商人的視角描繪杭州的富庶和繁盛，折射出元代的經濟發展，不像一般人認為的停滯和倒退。這也反映出元代杭州的開放特色，正好與中國史籍相印證。下圖再現了清朝康熙南巡時的杭州市肆，是元代城市繁盛的延伸。

服務不習慣冷水浴的外來客。當地人習慣每日一浴，特別是在吃飯之前。

其他街道上有娼妓，人數眾多，不便冒昧報導。她們不僅麇集在廣場附近居住，而且城市每個角落都有她們的行蹤。她們濃妝豔抹，香氣襲人，住所陳設華麗，還有許多女僕跟隨左右。這種女人的拉客手腕十分高明，懂得獻媚賣俏，施展百媚千嬌去迎合各種嫖客歡心。外來遊客一旦受其誘惑，就會陷入迷魂陣中，被弄得如癡如醉，銷魂蕩魄，進而聽憑擺佈。他們沉湎於煙花宿柳的溫柔鄉中，真有樂不思蜀之歎。一回到家鄉，他們總會說自己去過杭州，或者說遊歷過天堂，並且希望有朝一日能重登這人間仙境。

另一些街道上住有醫師和星占學家，他們也負責傳授讀寫和其他技藝，市集廣場的周圍街道上有他們的住所。每個市集廣場對面都有兩座大官署，在此直接管理外商和本地居民間可能發生的糾紛。駐蹕官吏的另一項任務是監督附近各橋樑守衛是否盡職，並懲罰失職人員。

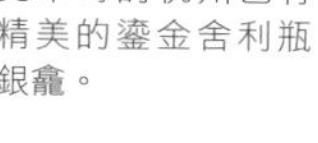

北宋時的杭州已有精美的鎏金舍利瓶銀龕。

北宋時杭州檀木描金經函，表明杭州的手工藝發達。

列傳第二十五　金史八十七

勅修

紇石烈志寧　僕散忠義

徒單合喜

紇石烈志寧本名撒曷輦上京胡塔安人自五代祖太尉
韓赤以來與國家世爲甥舅父撒八海陵時賜名懷忠爲
泰州路顏河世襲謀克轉猛安留爲東平尹開遠軍節度
使志寧沉毅有大略娶梁王宗弼女永安縣主宗弼於諸
壻中最愛之皇統間爲護衛海陵以爲右宣徽使出爲汾

●杭州刻印的《金史》

杭州自宋以來就匯集了大批技藝精湛的刻板工匠，並盛產優質紙張和印墨，加上手工業和商業發達，使印刷業發展快速。

前面已經介紹過，城內主要街道都是貫穿全城，街道兩邊的深宅大院和花園鱗次櫛比，附近還有工匠的住宅。道上早晚行人絡繹不絕，為生計往返奔波。也許你們認為不可思議，但是每逢市集日，市場上摩肩接踵，

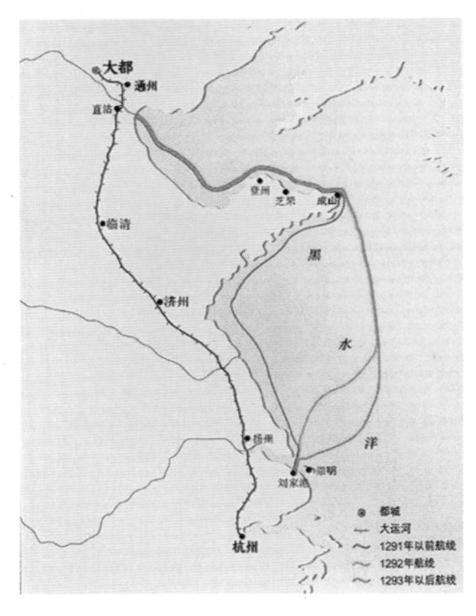

●京杭大運河「路線圖」

在馬可波羅到達中國之前，有兩個舉世矚目的工程已經完成，一是萬里長城，另一個就是京杭大運河。大運河對身臨其境的馬可波羅來說，也是難以想像的景觀。

熙熙攘攘的小商販滿地擺著各種用船運來的貨物，所有貨物都能找到主顧。僅僅以胡椒為例，就可概約知道杭州居民的肉、酒、雜貨和其他各種食品的消費量。馬可波羅從一名在海關工作的官吏處得悉，杭州每日胡椒的銷售量竟達四十三擔，每擔重達兩百四十三磅。

這個城市的居民崇信佛教，通用紙幣。男女皆面目清秀，膚色潔白，儀表端莊漂亮。由於杭州出產大量絲綢，加上商人從外省運來的綢緞，所以當地大多數居民總是全身綾羅錦繡。

當地經營的手工業中有十二項最佔優勢，用途也較廣泛普遍。每項工藝都有上千個工廠，每個工廠雇用十、十五，或二十名工人，也有少數能容納四十名工人的工廠，由各自的老闆支配。這些工廠老闆生活富裕，皆不親手操作，反而佯裝仕紳附庸風雅。富商的妻子也同樣不勞動。當地的婦女都頗具姿色，被嬌生慣養長大，全身上下綢緞服裝和珠寶之昂貴，令人無法想像。古代帝王的法律雖然規定人人都必須繼承父職，但只要他們發了財，當上老闆有錢雇用工人，便可以經營祖業而不參與勞動。

杭州人民的建宅華麗，非常喜愛裝飾佈置和圖畫，以及各種充滿創意的房舍，所以在這方面耗費的錢財也極其可觀。

杭州的居民性格和平。從前的君主不崇尚武功，因此上行下效，蔚然成風。他們對武器一無所知，家中也從不收藏兵器。他們完全以公平忠厚的品德經營自己的事業。諸家門戶間友好和睦，居住在同一街道的男女，彼此關係親密，猶如一家人。

在家庭中，男人對自己的妻子非常尊重，沒有妒忌和猜疑。如果對已婚的女人使用不當言語，是有失體面的事。他們對來這裏經商的異鄉人也一視同仁，竭誠相待，邀請他們到家中做客，以示友好，給予生意經營上的輔助和忠告。另一方面，他們厭惡軍人，連大汗的衛隊也不例外。因為看到這些人會使他們觸景生情，為他們已故的君主和大好河山被異族佔據而產生亡國之恨。

湖濱上有許多美麗寬敞的高大建築，都是高官貴人的公寓。還有不少廟宇寺院，許多僧侶尼姑住在裏面朝夕禮佛。靠近湖心地方有兩座小島，每個島上都有一棟壯麗的建築物，裏面佈置著許多精室巧舍，島上亭台水榭各自成趣，數量也是多到讓人無法想像。本市的居民每逢男婚女嫁，或舉辦豪華飲宴的時候，就會來到島上慶祝。島上所需物件如器皿、桌巾、檯布等一應俱全。這些傢俱用品，甚至亭臺樓閣，都由市民集資建設起來。有時同時開辦婚喪喜慶的筵席達一百來起，但整個佈置安排依舊井然有序，各家之間互不妨礙。

除此之外，湖上還有許多遊艇畫舫，長十五至二十

西方畫家根據馬可波羅講述所繪製的元代杭州街景

杭州絲綢歷史悠久，源遠流長。歷史文獻和出土文物證明，早在四千七百多年前的「良渚文化」時期，杭州先民就已能種桑、養蠶、織帛和製造原始的繅絲工具。唐代杭州盛產的綾類已進貢給朝廷。南宋時，杭州市內呈現「機抒之聲比戶相聞」和「都民女士，羅綺如雲」的盛況，由此而稱「絲綢之府」。白居易有詩「紅袖織綾誇柿蒂」，讚美杭州「柿蒂」的花紋絲綢。早在一千多年前，杭州產絲綢就遠銷東南亞和阿拉伯諸國，從陸上和海上鋪設了「絲綢之路」。中國絲綢雖然通過絲路銷往國外，但當時歐洲人對絲綢的原料來源及生產方式仍覺得不可思議。直到十七世紀末，歐洲才真正有了自己的絲綢工業。圖為中國古代織絲的過程。

步，可讓十至二十人搭乘。船底寬廣平坦，行船時不會傾斜搖晃。愛好泛舟遊覽的人，或攜家帶眷，或邀請好友，雇上一間畫舫，蕩漾在水平如鏡的湖面上。畫舫上桌椅板凳、宴客設備，無不整齊清潔，舒適雅觀。船艙上鋪著一塊平板，或者說是甲板，船伕站在甲板上用長竹竿撐船前進。水深不過二潯（水深度單位，一潯約等於1.83米），船伕長篙輕點，操縱隨心所欲。整只畫舫油彩斑斕，五光十色，懸上各色圖畫則愈加美麗。船身兩側均有窗戶，可以隨意開關，便於遊客坐在桌前倚窗眺望，飽覽綺麗的湖光山色。駕乘一葉輕舟蕩漾在湖上的樂趣，確實勝過陸地上的行樂。由於湖面茫洋遼闊，長度與全城相當，假如佇立在離岸一定距離的船上，整座宏偉瑰麗的城市，其中的宮殿、廟宇、寺院、花園，以及小道邊的參天大樹，盡收眼底，又可同時欣賞湖上畫舫的遊樂男女，湖上遊船如梭，此情景怎不令人心曠神怡，薰然欲醉？

● 西湖蘇堤

● 西湖冷水亭

● 西湖功德坊

馬可波羅借用「威尼斯」來描寫杭州，有識者認為，馬可顯然是把蘇州和杭州兩個城市搞混了，因為只有蘇州才有許多像威尼斯那樣縱橫交錯的河道，馬可說杭州有一萬兩千座橋樑也讓人感到困惑。馬可格外欣賞杭州，對杭州的描述也佔去全書最大的篇幅比例。

當地居民多有閒情逸致。在工作之餘，或是交易結束之後，都希望租一條畫舫或是雇一輛街車，帶上妻子或情人來消磨閒暇時光。街車如何成為人們的遊樂，也該簡述一番。

再談大京師杭州

杭州的一切街道都是用石頭和磚塊鋪成，所有通往蠻子省的主要大路也是一樣。所以從杭州到各地去旅行，雙腳可以不沾泥土。由於大汗的驛卒不能在石道上騎馬疾馳，因此在路旁留有一條土路供驛馬通行。

杭州街道兩邊各寬十步，中間鋪沙礫，並且有拱型的排水溝設備，便於將雨水導入運河，所以街道永遠能保持乾燥。街車就在沙礫地上往來。這種車子呈長方形，有篷蓋，四周掛綢幔，還有綢製的坐墊，可同時乘坐六人。遊城的男女平時就雇用這種車子，因此時時刻刻都有大批街車在沙道上通行。去逛花園會由花園管理者引導到陰涼的假山洞穴中歇息，男人帶著婦女在園中遊逛嬉樂，直到夜幕降臨，才驅車回家。

杭州居民有一種風俗，當子女誕生時，父母立刻記下他們的生辰，然後請星占家來推算這個孩子的星宿；星占家將答覆詳細地記在紙上，交由父母保存。等到孩子長大後，如果遇上商業冒險、航海、訂婚等重大事件，就拿生辰八字去找星占家卜吉凶，經過他們仔細推算、斟酌各種情況後，星占家宣佈預卜。如果這些預卜有應驗，人們對這位星占家的話便信若神明。大批的算命卜卦者，或者寧可說是術士，充斥市場每一個角落。當地人若沒有先經過算命者預卜，決不會貿然締結姻緣。

達官顯貴和富豪紳商的葬禮，必須遵照下面的風俗儀式辦理：凡死者眷屬親友必須戴孝，送死者遺體到指定的殯葬地點。送葬隊伍中有鼓樂隊一路吹打，僧侶高聲唸誦經文。隊伍抵達葬地後，便把許多紙紮的男女奴僕、馬、駱駝、金織綢緞以及金銀貨幣投入火中，他們相信死者在陰間可以享受這些物資和奴僕之利，而且還相信假人和殉葬的牲畜在彼世會得到活生生的骨血肉，金銀和綢緞也能恢復其原本狀態。當這一大批的東西焚化完後，隊伍再度鼓樂齊奏，喧嘩嘈雜經久不息。他們認為舉行這樣的喪葬儀式，可以促使神明接引死者的靈魂。

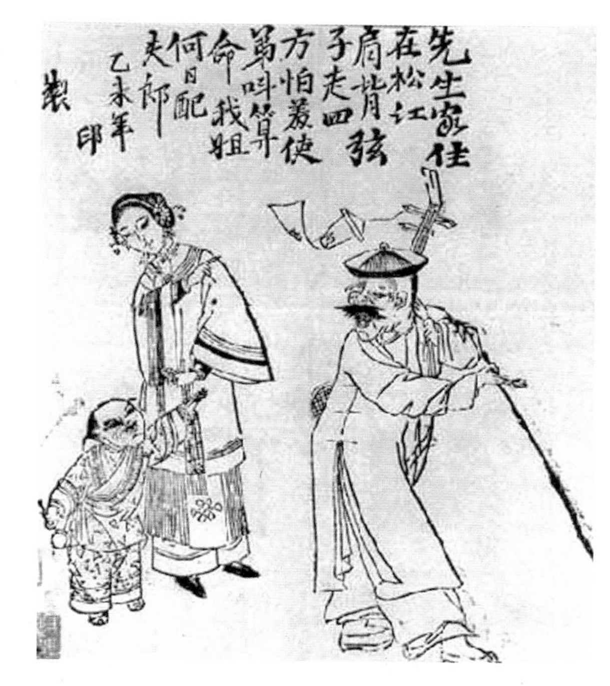

● 舊時常在杭州街巷里走動的算命先生

杭州城的每一條街道上都有一些石頭建築和樓閣。由於街上許多房屋都是木質構造，失火事件頻傳。所以一旦遇上火警，居民可以將財物移到石屋中，以求得安全。

另外大汗有令，每座橋上需派人日夜看守。每橋分遣十人，分做兩班，日夜各五人輪流值班。每座橋設置木梆一具、大鑼一面，計時沙漏一座。夜中第一時過，看守者擊梆鑼各一下，鄰里知道為一時，二時擊兩下，由此推之。看守者終夜不眠，日出後由第一時擊起，規矩與夜間相同。

另有一部份看守人負責巡邏街市，察看宵禁後是否

還有燈火。如果有家戶燈火未熄，便留符記在門上，翌晨官吏立傳屋主詢問。屋主的理由若不夠充分，將會受罰。如果夜間宵禁時還有人在街上行走，會被拘捕送審。日間如果發現街上有貧苦無法工作的殘障者，便送至養濟所收容。

發現火災時，守夜人會即刻擊梆警示，其餘守夜人會立即奔赴火場搶救，或將商人與受害者的物品運至上述的石屋內收藏。此時所有城民都不能靠近火場，只有運物人和救火者往來其間，搭救的人數至少有一兩千。

看守者還必須防備城中居民叛亂。因為杭州為重要都會，財富為世界之冠，大汗在附近設有駐兵鎮守。為了守夜之便，城內在每隔一英里的地上堆建土丘，丘上搭有木架，架上懸掛一座大響板，由守夜人負責擊板，聲響可傳至遠處。如果火警時沒有擊板速報，全城將有

馬可波羅發現杭州也是信奉佛教的城市。這是杭州呼猿洞救度佛母。

一半會陷入灰燼。若遇上城內叛亂事件，守夜人擊板後，附近駐兵會立即前往鎮壓。

大汗將蠻子省分成九國，每國派任一名君王統治，每三年一任，九位君王均臣屬大汗，每年以國中收入繳納稅款。杭州城君主管轄一百四十座富庶大城。這數目不值得驚訝，因為蠻子省內的富庶大城多於一千兩百座。大汗在這些城市附近都設有駐兵，最少千人，最多有一兩萬人。這些軍隊都不是韃靼軍，而是契丹省的軍隊。因為韃靼人多為騎兵，不適宜在蠻子省低平多沼澤的地勢上活動。徵集至蠻子省服役的契丹人戍守在距城二十日路程外的地方，服役四五年期滿後調還。這種方法也適用於契丹省。

●**挾彈遊騎圖** 元・趙雍

畫面上一名烏帽朱衣人手持彈弓，騎黑花馬悠閒地遊騎獵鳥，傳神地表達出遊騎人搜尋的神韻。

各城繳納的賦稅，大部分進入大汗國庫，用來供養戍守的軍隊。如果蠻子省內某城發生叛亂，會立即抽調鄰近的駐兵前往弭平，如果從契丹省調兵，則需要兩個月才能到達。因此杭州城中置有駐兵三萬，其餘小城至少有軍隊千人。

杭州城內有一座法克佛的豪華故宮，由先前諸王建造而成。方圓十英里，內部分成三部分。王宮正中央有

● 古代宴樂圖

一座高大正門，門兩邊各有一排宏偉柱廊，架設在一塊平臺上，柱廊的屋頂由數排金碧畫柱支撐。正門對面、距離主殿較遠的一端也有柱廊，氣勢比其他柱廊更加尊貴堂皇，屋頂裝飾得更為富麗，以鎦金柱支撐，牆壁內側則裝飾以歷代君主的事蹟彩繪。

法克佛每年依照慣例在這裏開朝會，賜宴款待高官顯貴以及京師內著名仕商。這些圓柱廳廊足夠容納一萬人就席，宴會往往要延續十或十二天。宴會的盛況驚人，與會賓客都竭盡所能裝扮得雍容華貴，個個綢緞、黃金和寶石著身，其富麗奢華超出一切想像。

前面說到的圓柱廳廊對面還有一座宏偉宮殿，在它的柱廊後面，有一道通入內宮的牆，將王宮的外內宮殿隔開。內宮由一座大庭院構成，經由迴廊直達君主和王后御用的房間。由大院進去，有一條蓋頂走廊，其寬六步，長度直達湖邊。大院每邊有十條過道通到相應的長形院子，每院有五十間房間，分別設有花園，住有宮女一千名，專門服侍君主。

國王有時會乘坐覆蓋綾綢的畫舫遊湖玩樂，並巡幸湖邊廟宇。有時偕同王后，有時則由宮女陪侍。內宮的其餘兩部分建有小林、湖泉、果園和獸園。獸園內的動物是供遊獵用，有羚羊、鹿、赤鹿、野兔和家兔等。君主也經常帶著他的妃嬪在此尋歡作樂。有人乘車，有人騎馬，並且禁止男性參與。這些婦女熟練地掌握縱狗技巧，用來擒捕前面所說的各種獵物。當她們追逐疲憊時，就退入湖邊叢林中去，脫盡衣裳投入水中嬉戲。君主則在一旁欣賞，大飽眼福。泳畢後便回宮院。

有時國王命令在林中野餐，由一班宮妃伺候。那裏大樹參天，枝葉紛披，異常涼爽。他因為生活荒淫腐敗，對軍事全不過問，終釀成亡國之痛，富麗江山被大汗奪取，將他屈辱地攆下皇帝寶座。

以上這些詳細情況都是我住在杭州時，一位富商人告訴我的。這位富商年事已高，曾經是法克佛的心腹，對先王生活的每一細節都瞭若指掌。他熟悉王宮的舊貌，並帶我去參觀。這座王宮現在是大汗長官的官衙，柱廊仍保留原狀，但內宮樓房卻已傾塌，僅剩廢址。圍繞林園的牆同樣破爛不堪，動物和樹木也不復可尋。

離杭州城東北方向二十五英里遠的地方就是大海，那裏有一個優良港灣，所有從印度來的貨船，經常都在此停泊。

大汗使臣在例行徵收年賦與檢查戶口時，馬可波羅正好在杭州城，故有機會得知杭州城共有一百六十萬戶，人數如此眾多，卻僅有一座聶斯托留的基督教堂。

杭州城的每個戶長，都必須將妻子兒女、奴婢之名寫在門上，也得註明畜養的牲畜數量。家中若有人去世，則除其名，若有新生兒，則添其名。由此官吏可得知城中居民人數。這方法也適用於契丹與蠻子省。所有旅社客棧也都必須將商賈姓名寫在記錄簿上，尤其要登記旅客投宿與退房的時間，每日記錄要送一份複本給座落於廣場中央的行政官府。

蠻子省中無力撫養兒女的貧民，多半會將兒女賣給富貴人家，讓他們在豐裕的環境中長大，學習良好的品德。

●杭州西湖

大汗的巨額年賦

大汗每年在杭州及其轄區所徵收的巨額年稅，以鹽稅為第一，每年共收八十萬，合六百四十萬達卡金幣（中世紀歐洲大陸的金幣）。當地製糖業也很興盛，課稅百分之三點三三，與米酒、其餘食品雜貨相同。

工匠共有十二藝，每項技藝皆有店鋪上千家，還有從事進出口貿易或轉運之商人，都納稅百分之三點三三，然而從遠洋如印度等國前來的貨物，則課稅百分之十。所有土產如牲畜、蔬果、絲綢等，同樣也需繳納十分之一的稅。

馬可波羅曾經審查大汗的賦稅收入，若除去鹽稅不算，大汗年收入共有兩百一十萬，合一千六百八十萬達卡金幣。

清人筆下的江南山水圖，襯托了馬可波羅的杭州夢境。

太平府、湖州市和其他城鎮

離開杭州市，向東南方向騎行一天，沿途不斷看到房屋、別墅和賞心悅目的田園，出產豐盛的各式蔬菜。最後抵達太平府，是隸屬杭州管轄的美麗大城。居民崇信佛教，使用紙幣，對死者實行火葬，屬於大汗的臣民，靠商業和手工業為生。對這座城不做詳細介紹，將繼續談湖州市。

從太平府出發向東南再走三天，到達湖州市。沿著同一方向再走兩天，會接連不斷經過許多城鎮、城堡和人煙之地。彼此間緊密相連，從陌生人眼中看來，簡直像座延展的城市。這地區都受杭州管轄，居民崇信佛

● **西湖柳艇圖**

這幅杭州畫家夏圭的傳世名作，描繪了蓊郁的柳蔭和臨河的屋舍，使西湖風物更具詩意。

陸羽，字鴻漸，生於唐玄宗開元年間，復州竟陵郡人(今湖北省天門縣)。自幼無父母，被龍蓋寺和尚積公大師收養。幼年隨積公大師在寺院採茶、煮茶，對茶學很早就產生濃厚興趣。西元775年（天寶十四年），二十四、五歲的陸羽隨著流亡難民離開故鄉，流落湖州。湖州是名茶產地，陸羽在這一帶蒐集了不少有關生產和製作茶的材料，作《茶經》一部，被譽為「茶聖」，奉為「茶仙」，祀為「茶神」。

教。當地物產豐盛，生活富裕。這裏所產的竹子圍粗四指，高達十五步，比前面所述的都更大更長。

再沿著同一方向騎行三天，到達衢州鎮，如果繼續向東南前進，一路上都會看見人煙稠密的城鎮。他們經商務農。蠻子省境內看不到綿羊，但有許多公牛、母牛、水牛和山羊，尤其豬的數目特別多。第四天傍晚會到達嚴州城。它位於江心的山丘上，這條江因此被分成兩條支流，看去似江水緊緊將山環抱。兩條支流的走向恰恰相反，一條取道東南，一條流向西北。以上提到的城市都隸屬於大汗，在杭州的管轄之下。人民信奉佛教，以經商為主。鄉間有豐富的飛禽走獸供行獵。再向前騎行三天路程便抵達信州，這是一座宏偉大城，也是杭州管轄範圍內的最後一座城市。過了信州城後，便進入蠻子省的另一個王國或總督的管轄地區——福建。

●《茶經》內文

馬可波羅在遊記中沒有提到中國茶，不免令人詫異。注釋家認為，馬可波羅可能保持了本國不喝茶的習慣，而當時蒙古人也不大喝茶，馬可與蒙古人來往較多，很少接觸漢人，所以沒有提及中國人的飲茶習慣。其實，當時的杭州和湖州已是重要的產茶地。

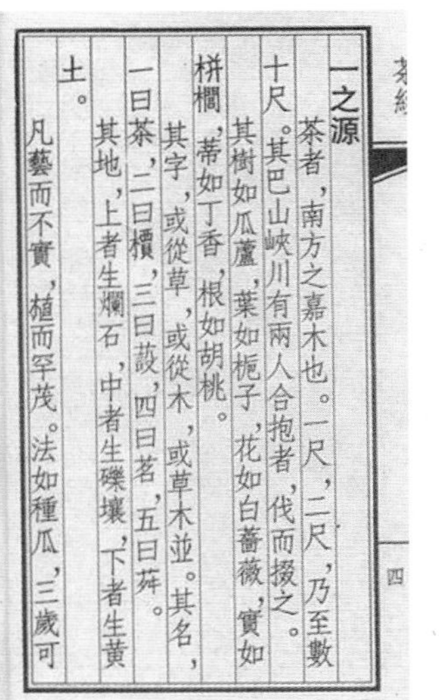

茶經

一之源

茶者，南方之嘉木也。一尺，二尺，乃至數十尺。其巴山峽川有兩人合抱者，伐而掇之。其樹如瓜蘆，葉如梔子，花如白薔薇，實如栟櫚，蒂如丁香，根如胡桃。

其字，或從草，或從木，或草木並。其名，一曰茶，二曰檟，三曰蔎，四曰茗，五曰荈。

其地，上者生爛石，中者生櫟壤，下者生黃土。

凡藝而不實，植而罕茂。法如種瓜，三歲可

四

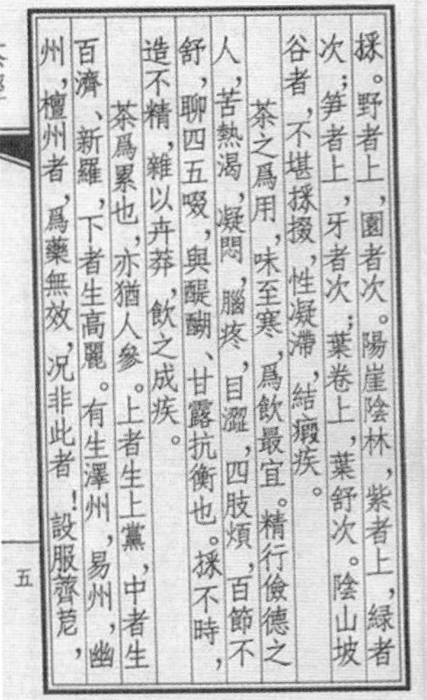

採。野者上，園者次。陽崖陰林，紫者上，綠者次；筍者上，牙者次；葉卷上，葉舒次。陰山坡谷者，不堪採掇，性凝滯，結瘕疾。

茶之爲用，味至寒，爲飲最宜。精行儉德之人，若熱渴，凝悶，腦疼，目澀，四肢煩，百節不舒，聊四五啜，與醍醐、甘露抗衡也。採不時，造不精，雜以卉莽，飲之成疾。

茶爲累也，亦猶人參。上者生上黨，中者生百濟、新羅，下者生高麗。有生澤州，易州，幽州，檀州者，爲藥無效，況非此者！設服薺苨，

五

●陸羽在湖州寫作的《茶經》

楚伽王國和都城福州

離開信州城後，便來到楚伽王國（今福建），其主要的城市是福州城。沿東南方向騎行六天，繼續翻山越嶺，會經過許多城鎮和鄉村。這裏物產富庶，生活充裕。山野田間遊獵活動興盛，尤其以鳥類特別繁多，老虎體型巨碩。居民都是大汗的臣民，從事商業和製造業。

當地生產薑與高良薑，還有諸多藥材，一枚威尼斯銀幣可買八十磅重的生薑。還有一種蔬菜，顏色和味道都類似番紅花，用來做烹飪的材料，是當地的重要食材之一。

●福州傳統漆畫：福建女子

馬可波羅在記述中沒有一處提到中國婦女纏足的習俗。他說福建女子漂亮，杭州商人的妻子用綾羅綢緞打扮自己，唯獨不提婦女纏足。注釋家認為，蒙元時期纏足之風並不流行，外國旅行者不可能見到走遠路的纏足婦女，另一方面婦女足不出戶，也使馬可見識不到漢族上層階級的婦女。

當地人民會吃人肉，並且認為人肉比其他肉類還美味，但不食病死者之肉。當地人赴戰之前，會先削髮齊耳，臉部塗上鮮豔的藍色。以矛與劍當武器，除隊長騎馬外，全部是步兵。他們屬於最野蠻的民族，因為他們在殺死敵人之後，會飲其血、食其肉。

結束六天的行程，便抵達建寧府，該城範圍相當大，有三座優美的橋樑，長多於一百步，寬八步。當地的女人美麗標致，生活安逸奢華。這裏盛產生絲，並製成不同種類的綢緞。棉布由五顏六色的棉紗織成，行銷至蠻子省各地。居民經商的範圍廣大，並向外地輸出大量的生薑和高良薑。

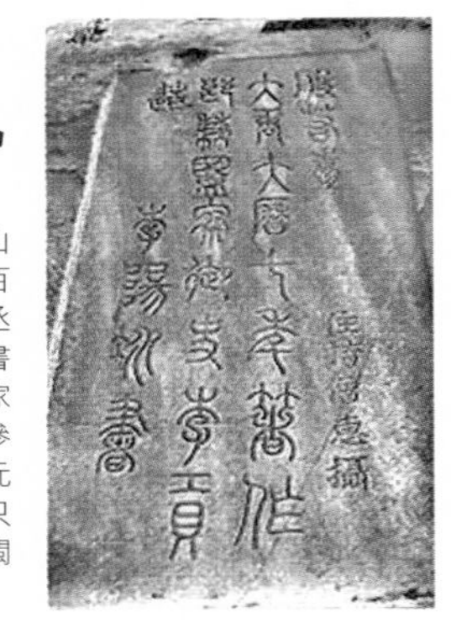

●歷史久遠的福州鼓山摩崖石刻（一）

自宋以後，名人墨客在鼓山留下各種字體的石刻計五百四十九段，其中宋刻中有丞相趙汝愚、李綱、吏部尚書張鎮、理學家朱熹、書法家蔡襄、禮部尚書黃冕仲、參加政事真德秀、常挺等。元刻題名有中書平章事朵兒只班、都元帥參議焦德裕、閩海肅政廉訪副使鄭至等。

●歷史久遠的福州鼓山摩崖石刻（二）

人們曾經告訴我，這地方有種家雞，無羽黑毛，很像貓皮。不過我沒有親眼看見，如果能一探究竟，必是一件奇觀。這類雞像其他家雞一樣生蛋，肉也很可口。這地區老虎很多，出沒無常，遊客除非結伴同行，否則會遭遇生命危險。

離開建寧府騎行三天，便到達武幹城。沿途經過很多城鎮和城堡，這一帶居民都是佛教徒，盛產生絲，並且大量輸出。

這地方以大規模的製糖業聞名，出產的糖運到汗八里，供給宮廷使用。在納入大汗版圖之前，當地人不懂得製造高質量糖的技術，製糖方法很粗糙，冷卻後的糖呈糊狀暗褐色。直到歸入大汗管轄後，剛好有些巴比倫人來到朝廷，他們精通糖的加工方法，因此被派到這個城市來，向當地人傳授用木灰精製食糖的方法。

沿同一方向再前進十五英里，便抵達福州。它隸屬於蠻子省九國之一的楚伽王國總督管轄區。有許多軍隊在附近駐防，以便叛亂發生時，隨時可派兵鎮壓。

有一條大江（即閩江）穿城而過。江面寬一英里，兩岸建築物巨偉矗立。建築物前面停泊著大批滿載商品的船隻，其中最多是糖，因為這裏也生產大量食糖。不少商船從印度駛達這港口。印度商人帶著各式各色的珍珠寶石運來這裏出售，獲取巨大利潤。大江離刺桐（泉州）港不遠，河水流注海洋，從印度來的船隻沿江而上，可一直航行至刺桐。當地各類物資充足，還有許多賞心悅目的園林，出產優質味美的瓜果。

刺桐港及廷基

● 刺桐花

五代後晉開運元年至北宋建隆三年，軍人劉從效居泉州時，在城周圍種滿刺桐，故有刺桐城之美稱。馬可波羅及波斯人、阿拉伯人則習慣稱泉州為刺桐城。

離開福州後渡過一條河，往東南方向繼續前進。在五天的路程中，經過的地區人煙稠密。這裏物產富庶，人民生活富裕，道路盤山越嶺，穿越平原和森林。森林中有許多灌木，出產樟腦，鄉間獵物繁衍眾多。居民是大汗的百姓，行政上屬福州管轄。

到了第五天傍晚，便抵達宏偉秀麗的刺桐城。刺桐沿岸的港口內船舶往來如梭，因而出名。船舶在此裝載商品後，運到蠻子省各地銷售。運至刺桐的胡椒數量相當可觀，就連由亞歷山大港供應西方世界各地的胡椒量都相形見絀，恐怕不及其百分之一。

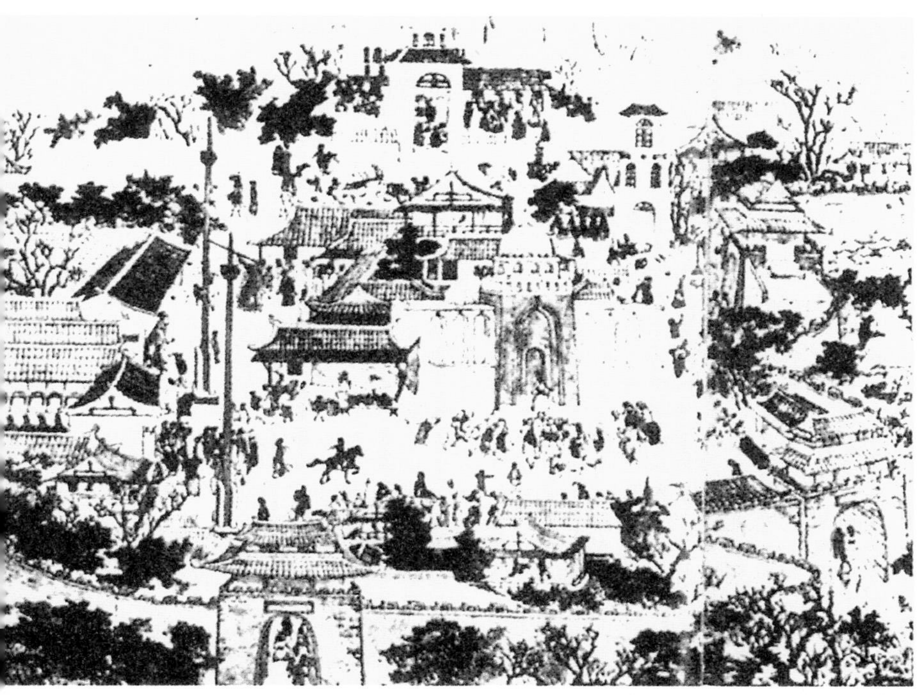

● 刺桐城

●**印度蘇丹與巴圖塔**

摩洛哥旅行家伊本·巴圖塔首次航行時到達阿拉伯、俄國南部以及印度，隨後到達中國。當他看到泉州港口絡繹不絕的海船，不得不感嘆泉州是世界上最大的海港。圖為巴圖塔在印度接受印度蘇丹的熱情款待。

刺桐是世界上最大的港口之一，這裏大批商賈雲集，貨物堆積如山。每位商人必須付投資總額的百分之十為稅，所以大汗從這裏獲得了巨額收入。商人們租船運貨，須付該貨價值百分之三十的運費，胡椒卻須付百分之四十四，至於檀香木、藥材以及一般商品，運費也是百分之四十。據商人們計算，他們的花費，包括關稅和運費在內，總共達貨物價值的一半。從這剩下的一半中，商人還是能獲取很大的利潤，能夠運送更多的貨物，回銷到原來的市場。

這地區風光秀麗。居民崇信佛教，生性和平，樂於安逸，生活必需品不虞匱乏。有許多從印度內地前來的遊客，目的是為了紋身。因為該城的紋身技師藝精出眾，馳名內外。

流經刺桐港的河流（即晉江）寬大而湍急，正是穿過京師杭州城那條河的支流。支流與主流道分叉的地方，屹立著廷基（德化）城。廷基專營製瓷業，杯盤碗碟的造型甚美。當地瓷器的製作程式如下：他們從地下挖出一種泥土，堆疊後任憑其風吹雨打日曬，從不翻動，歷時三四十年，泥土質地會變得純粹精煉，適合製造瓷器。然後抹上顏色合宜的釉，再將瓷器放入窯內燒製而成。因此，挖泥堆土的人，正是替兒孫貯備製造瓷器的材料。大量的瓷器在城中心出售，一個威尼斯銀幣能買到八個瓷杯。

大汗從這裏獲取的稅收和杭州一樣多。由於馬可波羅只到過杭州和楚伽兩區，其餘沒有親自遊歷過的地區不打算多做描述。不過有一點應當注意，蠻子省雖然有通用語，和統一的書寫法，但各地區仍然有自己的方言，和熱那亞、米蘭、佛羅倫斯和義大利各城市間的情況相似。這些地方的人儘管有不同的方言，彼此間依然能相互溝通。

馬可波羅想寫的中國部分已經完結了，後來他去印度等地遊歷，接下來將描述他在那些國家中親自考察到的奇聞軼事，並轉述真實可靠的訊息。

● 六勝塔

泉州是元朝最大的港口，經常停泊著百艘海船，大量貨物在那裡匯集起運。馬可波羅稱泉州為「世界最大港口」。元代修建在泉州港口的六勝塔，就是用來引領航路的燈塔。六勝塔形八角五層，全部用花崗岩砌成。每層設四門、四龕。石龕內有石佛，龕外還有金剛、力士等形象。

● 清淨寺

始建於北宋1009年的泉州清淨寺，元朝時又重新修建。它是中國最早的伊斯蘭建築之一，整個建築仿照敘利亞大馬士革伊斯蘭教禮拜堂形式，用青白花崗石建成。多少年來，清淨寺是中國回族發展的歷史見證，也是中國與阿拉伯各國友好往來的歷史見證、元代海外交通的重要史跡。

● 泉州的阿拉伯人墓碑

宋代起就有不少阿拉伯商人定居在中國，最後安葬在中國土地上。泉州還保存有宋元時期阿拉伯式或基督教式的墳墓和墓碑，泉州東郊靈山先賢墓山坡下的蕃客墓（即外國人的墓）就有二十多座，其中有一墓碑還清楚地刻著「蕃客墓」三個漢字，在「蕃客墓」三字上方刻有五行古阿拉伯文字，下方刻有兩個小字「埃及」。這墓碑也是元代泉州對外開放的見證。

馬可波羅的歸鄉之旅

馬可波羅經越南、爪哇、印度、印度洋島嶼、亞洲西部韃靼各王國，回到威尼斯的旅程。

經爪哇到印度

●古代印度生活圖

馬可波羅偕同父親、叔父從泉州港離開中國，目標是睽別多年的故鄉威尼斯。這趟旅程不單是歸鄉之旅，馬可波羅奉了大汗諭命，護送闊闊真公主遠嫁至伊兒汗國，同行還有三名伊兒汗國的使者。

隨行的船隊浩浩蕩蕩，總共有十四艘大船，每艘船起碼配有水手兩百五十名，大船的容量足夠裝載五六千擔胡椒。每艘大船有兩艘小船隨行，小船上各有水手四五十人。船以樅木和松木製造，內有船艙，供居住的艙房約有六十間左右。每艘船上有一舵、四桅、十二帆，船艙內還有十三個厚板間隔，用來防止海上觸礁或遇上鯨魚。

一旦船艙破洞海水灌入，水手會立即將破艙中的貨物搬到隔壁艙中，因為各艙間的牆壁非常堅固，滴水不透。等破洞修理完畢後，水手才將貨物運回原艙的位置。

在抵達印度洋前，馬可波羅的船隊先經過海南島、占城（Ziamba，今越南），進入大小爪哇（Java）海域。雖然船隊為護送公主與使者，但是波羅家族世代從商，航海貿易是其本色，在沿途國家購買了許多香料和寶石，見識各國的奇珍異獸。在南中國海的西南海域上，馬可波羅經過了桑都島（Sondur）、昆都島（Kondur）、羅迦克王國（Lochac，今馬來西亞），經過王國南部野蠻的彭丹島（Pentan）進入麻六甲海峽，在這一帶航行見不到北極星。

小爪哇島上佈有八個國家，人民都信仰回教。馬可波羅經歷了六國，分別是非列（Felech）、巴思馬（Basman）、撒瑪拉（Samara）、淡洋（Dragoian）、南巫里（Lambri）和番扶（Fanfur）。其中經過撒瑪拉時遇上大風浪，船隻不能航行，因此滯留了五個月。撒瑪拉的土人食人肉，為阻擋土人侵擾，馬可波羅和船員共約兩千人，在陸地上挖掘出一條大溝，兩端通向海洋，然後在溝上建築木寨防守，才得以安居無恙。

深受中世紀傳奇著作啟發的馬可波羅，在其遊記中也出現了離奇動物和怪誕部落。

● 古印度圖

南巫里盛產樟腦與蘇木。馬可波羅取了蘇木種子回威尼斯，卻因溫度不適而栽種不成。南巫里有狗尾人，尾上無毛，至少有一掌長，形狀如狗尾。他們居住在山中，行為與野人無異。

馬可波羅在番扶境內發現一種奇異巨樹，兩人才能合抱，薄薄的樹皮下有麵粉。馬可波羅用這樹的麵粉做麵包，味道如同大麥麵包。馬可波羅沒有忘記把這麵粉帶回威尼斯。這巨樹重如沉鐵，劈開取出木心，還有三指寬。因為木頭質重，人將無法負荷長矛的重量，所以當地人削此木做成短矛。用火燒烤短矛尖端，其堅韌可以穿透盔甲。

●**印度濕婆神**

濕婆神是印度教三大主神之一，是世界破壞與毀滅之神。祂多手多臂，化身無數。

在抵達錫蘭聽聞佛教聖者釋迦牟尼的成道故事前，馬可波羅經過印度洋上的諾古朗群島（Nocueran）抵達安咯曼島（Angaman）。安咯曼島上居民都是佛教徒，沒有君主統治。驚異的是當地人民頭型似犬，齒牙與眼睛亦然，性情如獸，捕到異族人便會殺而食之。

錫蘭（Zeilan）與印度產有珍貴的寶石。印度馬巴兒地區（Maabar，印度東南部）的人民衣不蔽體，當地也沒有裁縫匠，僅以布片遮住下部，不管男女貧富皆是。國王頸上配戴寶石項鍊，價格相當昂貴。國王的胸前懸掛一條珍珠鍊，串有一0四顆珍珠，和數顆紅寶石。因為國王每日要頌佛一0四次，珍珠數由此而來。臂上帶有三個金環，全部飾以貴重的珍珠寶石，腿上腳趾上也不缺。國王全身的寶石價值連城，都是當地的土產。國王下令禁止珠寶賣至外地，將國內所有珠寶據為己有，並且命令人民不得私藏，必須全部獻出，由國王以數倍高的價格收購。

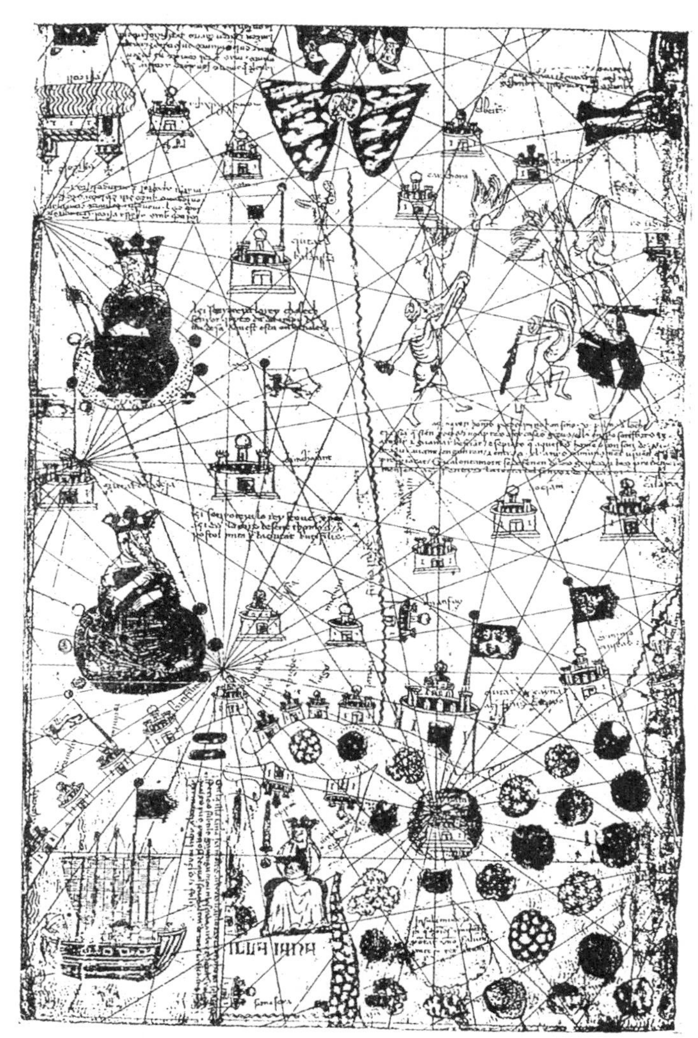

●**喀泰蘭地圖**

1375年，由法國國王查理五世監製的喀泰蘭地圖，其東亞部分完全取材於《馬可波羅遊記》。此圖作者摒棄偽科學與宗教成見，以多種資料為根據，力圖反映當時世界的實況，極具歷史價值。此為「喀泰蘭地圖」局部。

馬巴兒國王擁有妻妾五百名，並強娶美麗的女子為妻。有數名大臣經常隨侍左右，皆為君王的忠臣。一旦

●馬可波羅在威尼斯的故居

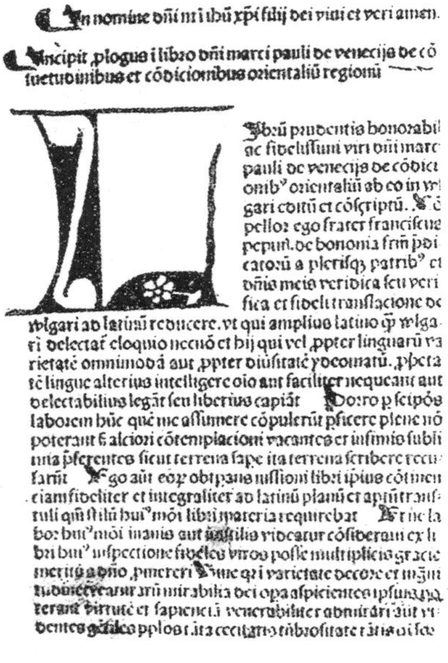

●《馬可波羅遊記》最古老的版本

國王去世，依照習俗焚屍火葬，而隨臣在葬禮時也投火自盡，以示其效忠。除此之外，當地人民也有犧牲之習俗。罪犯若被判死刑，可以表明自願為某神犧牲自殺。得到官府應予後，刑犯的親友會將他放在車上，同車內放置十二柄刀，帶他遊行全城。此人先宣示為神犧牲，然後取刀自淩，第一柄穿臂，第二柄穿腹，依次將刀插入體內，至死方休，屍體交由親屬焚燒。死者若有妻子，在焚屍時會投火自盡。殉夫的婦女會受人景仰。

馬巴兒人膚色濁黑，奉牛為聖物。他們不殺生，不殺具有靈魂之物，食用牲畜則交由回教徒或異教徒屠宰。男女每日必須沐浴兩次，不遵守者會被視為不虔誠。他們只用右手進食，左手從不觸碰食物，因為右手專門用來接觸潔淨之物，而左手則用來觸碰粗野不潔之處。

馬巴兒北方有木夫利國（Muphli），居民信奉佛教，盛產鑽石。境內多高山，冬季高山下雨的水流足以匯成大河，等水流過境，鑽石會存留在河床上，許多人前往採集。高山谷深無人能及，而且谷底有大蛇，人進入谷中會被吞食。因此尋取鑽石的人將肉塊投擲於山谷中，谷中白鷲取肉在山岩上食用，這時將白鷲驅走取來肉塊，肉上已黏滿鑽石。或者讓白鷲吃肉，在鷲糞內也可以發現鑽石。

印度剌兒（Lac，或做Lar）地區有許多婆羅門，堪稱是世上最誠實的商人。他們不食肉、不飲酒、不偷竊。婆羅門是佛教徒，並且非常迷信。他們在交易時如果見到蜘蛛，若蜘蛛所行的方向為吉，則締結交易，反之則否。居民皆裸體，並不引以為羞恥。

●回到家鄉的馬可波羅

馬可波羅回到威尼斯後，幾乎不會講家鄉話了，人們甚至不認識他，於是他為親友們舉行了一個宴會，穿上豪華的服飾。

●馬可波羅畫像

接下來馬可波羅經過加異城（Kael），繞過印度半島南端到達俱藍國（Koulam），經過戈馬利（Komari）時已經能依稀望見北極星。後來沿印度半島西岸，經過德利（Dely）、馬拉巴、古查剌（Guzzerat）、卡南（Kanan）、坎拜亞（Kambaia）、須文那（Servenath），到達接近波斯的克思馬可蘭（Kesmacoran）。

印度與阿拉伯半島海岸有許多島嶼，島上有不少奇風異俗。在克斯馬可蘭南部海上五百哩處有兩座島嶼，一是男島，一是女島，兩島相距三十哩，兩性間平常不接觸。每年第三個月，男島上的男子會赴女島與女性同住三個月，時間過後返回本島工作。女子所產的女嬰歸母親，男孩由母親撫養至十四歲，之後赴男島與父親同住。婦女除了撫養子女、摘取島上果實為食之外，不從事其他生產，一切所需由男性供應。

從伊兒汗到威尼斯

經過印度洋、阿拉伯海後，馬可波羅一行人抵達波斯灣入口處的忽魯謨斯，之後踏上陸地，進入東韃靼的領土，也就是公主出嫁的伊兒汗國。印度馬拉巴一代海盜猖獗，馬可波羅在經過時也不免遭遇海盜襲擊，所以

船隊在抵達伊兒汗國時已殘缺不堪，三名使者只剩下一名，水手和乘客死去六百人。

告別闊闊真公主之後，馬可波羅的隊伍繼續往威尼斯前進。他們經過北韃靼（欽察汗國）的疆域，當地多湖澤冰泥，馬不可行。越過此地需要花十三天的路程，每一天的距離都設有驛站，每處驛站皆養犬四十頭，用來取代馬匹。因為冰泥阻礙，當地人使用無輪橇，橇上舖以熊皮，人乘坐其上，由六頭犬拉橇駕駛。當地有許多珍貴獵物，如貂、銀鼠、黑狐等，上列毛皮非常罕見，是以價格昂貴。當地氣候酷寒，居民多居住在土洞內。

●馬可波羅的大像章

馬可波羅的東方奇聞錄並不得到外界認同，曾有一些人在威尼斯的嘉年華會上打扮成小丑，自稱為馬可百萬，故意對有關事物誇大其詞，以取悅觀眾。

在此地更北之處為極暗之州，終年不見日月，黑暗無光。當地人身材魁武，擅長狩獵，膚色蒼白無色。也盛產貴重毛皮，住在邊境的黑暗州人會將毛皮賣給光亮世界的人，識得光亮的人藉此獲取大量利潤。

馬可波羅最後經過黑海與土耳其，終於回到故鄉威尼斯。這中間的路途有許多歐洲人前往，與歐洲的航海與陸路交通順暢便捷，因此不多贅述。

尼可羅、馬飛阿、馬可三人若不是求得大汗許可，將終生難歸故土。蓋一切世事皆為天主之意，所以將他畢生所見所聞傳播於世。馬可波羅自1271年出發，在中國停留十七年，1295年回到威尼斯，總共歷經二十四年商旅歲月。世界廣袤，但無人見識可超越威尼斯的商人馬可波羅先生。願上帝恩寵，阿門。

國家圖書館出版品預行編目資料

馬可波羅遊記 ／ 馬可波羅著. —— 初版. ——
台北市：商周出版：家庭傳媒城邦分公司發行, 2005〔民94〕
面； 公分.——（映像紀實系列；4）

ISBN 986-124-370-4（平裝）

1. 世界地理 — 描述與遊記
2. 中國 — 描述與遊記

719.37 94004477

映像紀實系列 4

馬可波羅遊記

作　　者／馬可波羅
譯　　者／大陸橋翻譯社
總 編 輯／彭之琬
責任編輯／余筱嵐

發 行 人／何飛鵬
法律顧問／中天國際法律事務所周奇杉律師
出 版 者／商周出版
台北市104民生東路二段141號9樓
電話：(02) 25007008 傳眞：(02)25007759
e-mail：bwp.service@cite.com.tw
發　　行／英屬蓋曼群島商家庭傳媒股份有限公司城邦分公司
台北市中山區民生東路二段141號2樓
讀者服務專線：0800-020-299
24小時傳眞服務：02-25170999
劃撥帳號：19833503
戶名：英屬蓋曼群島商家庭傳媒股份有限公司城邦分公司
讀者服務信箱E-mail：cs@cite.com.tw
城邦讀書花園 www.cite.com.tw
香港發行所／城邦（香港）出版集團
香港灣仔軒尼詩道235號3樓 E-mail : citehk@hknet.com
電話：(852) 25086231 傳眞：(852) 25789337
馬新發行所／城邦（馬新）出版集團 Cite (M) Sdn. Bhd. (458372 U)
11, Jalan 30D/146, Desa Tasik, Sungai Besi, 57000
Kuala Lumpur, Malaysia E-mail：citekl@cite.com.tw
電話：(603) 90563833 傳眞：(603) 90562833

美術編輯／太陽臉
印　　刷／韋懋印刷事業有限公司
總 經 銷／農學社 電話：(02) 29178022 傳眞：(02) 29156275

■2005年4月6日初版 Printed in Taiwan
本書繁體中文版由北京共和聯動圖書有限公司授權出版
定價300元
 ISBN 986-124-370-4

廣　告　回　函
北區郵政管理登記證
北臺字第000791號
郵資已付，免貼郵票

104　台北市民生東路二段141號2樓

英屬蓋曼群島商家庭傳媒股份有限公司城邦分公司 收

請沿虛線對摺，謝謝！

書號：BU5004　　書名：馬可波羅遊記

請於此處用膠水黏貼

讀者回函卡

謝謝您購買我們出版的書籍！請費心填寫此回函卡，我們將不定期寄上城邦集團最新的出版訊息。

姓名：________________

性別：□男 □女

生日：西元 ________ 年 ________ 月 ________ 日

地址：________________

聯絡電話：________________ 傳真：________________

E-mail：________________

職業：□1.學生 □2.軍公教 □3.服務 □4.金融 □5.製造 □6.資訊

□7.傳播 □8.自由業 □9.農漁牧 □10.家管 □11.退休

□12.其他 ________________

您從何種方式得知本書消息?

□1.書店□2.網路□3.報紙□4.雜誌□5.廣播 □6.電視 □7.親友推薦

□8.其他 ________________

您通常以何種方式購書?

□1.書店□2.網路□3.傳真訂購□4.郵局劃撥 □5.其他 ________

您喜歡閱讀哪些類別的書籍?

□1.財經商業□2.自然科學 □3.歷史□4.法律□5.文學□6.休閒旅遊

□7.小說□8.人物傳記□9.生活、勵志□10.其他 ________

對我們的建議：

____

____

____

____

請於此處用膠水黏貼